Saggi

SERGIO RIZZO

Io so' io

Come i politici
sono tornati a essere intoccabili

SOLFERINO

SOLFERINO

www.solferinolibri.it

Published by arrangement with The Italian Literary Agency

ISBN 978-88-282-1449-6
Prima edizione: maggio 2024
Seconda edizione: giugno 2024

Prefazione

di Gian Antonio Stella

Basteranno 83 persone a soddisfare la bulimia operativa di Sua Eccellenza il ministro dell'Agricoltura, della Sovranità alimentare e delle Foreste Francesco Lollobrigida? L'angoscioso interrogativo (ci sarà lo spazio fisico per una scrivania a testa nella sede pur capiente di via XX Settembre?) emerge dalla lettura delle 521 pagine del dossier *Legge di Bilancio 2024*, dove si legge appunto d'un «incremento delle risorse» (per un paio di milioni di euro) destinate «all'indennità accessoria di 83 unità di personale preposte agli uffici di diretta collaborazione» del dicastero.

Traduzione: lo staff che lavora gomito a gomito col ministro e due sottosegretari. In cima, in cima, in cima alla massa di dipendenti ministeriali. Un po' scelti tra quelli già precedentemente a disposizione della struttura, un po' presi da altri uffici o direttamente da FdI e dintorni. Ma tutti fedeli. E così numerosi da formare una falange tebana.

In altri anni la cosa sarebbe finita in prima pagina.

Tanto più trattandosi del cognato della presidente del Consiglio. Oggi no. Questione di ondate. Di storture denunciate con lo stesso spirito di servizio giornalistico a destra e sinistra da chi vorrebbe un Paese migliore, ma cavalcate da questa e quella fazione politica con scandalizzata indignazione o flemmatica noncuranza, a seconda della convenienza del momento: «*Cui prodest?*». A chi giova?

Nessuna sorpresa. Basti ricordare lo sdegno sacrosanto per certi «voli blu» come quello dell'allora presidente della Camera Fausto Bertinotti a Parigi per un evento simil-mondano, o dell'allora ministro Clemente Mastella, che col figlio si fece dare un passaggio sull'aereo di Stato di Francesco Rutelli che andava a Monza per la premiazione del Gran Premio, e pochi anni dopo, all'opposto, l'indifferenza assoluta e complice per l'elicottero della Protezione civile usato da Silvio Berlusconi per andare a farsi un massaggio in Umbria da Mességué. Altri tempi. Al punto che proprio nella bellissima beauty farm attuale di Mességué si daranno appuntamento per un conclave nel gennaio 2024 i democratici di Elly Schlein.

«Il reato di finanziamento illegale dei partiti è uno di quelli che vanno e vengono. Dieci anni fa non sarebbe venuto in mente a nessuno» disse un lontano giorno del novembre 1992 Gianni De Michelis, sbuffando per la tempesta di Mani Pulite dalla quale era stato travolto. La questione morale? «Sono come un atleta che ha subito una frattura. Per un po' so che devo stare fuori. Ne prendo atto e buonanotte.»

Aveva ragione, nel suo amaro cinismo. È passato poco più di un decennio dalla legge Severino «per la prevenzione e la repressione della corruzione e dell'illegalità nella pubblica amministrazione», che passò nell'ottobre 2012 col voto favorevole di 480 deputati di sinistra e di destra (era favorevole anche la Lega, pur essendo all'opposizione del governo Monti) con 19 contrari e 25 astenuti, tra cui il futuro braccio destro di Giorgia Meloni, Alfredo Mantovano. Eppure quella legge rifiutata allora soltanto dai «talebani» dipietristi (sembrava loro troppo poco severa coi corrotti anche se poi sarebbe stata determinante nel 2013 per far decadere il Cavaliere da senatore) pare adesso non andar più bene a nessuno. Men che meno alla destra di governo, che non perde occasione per ribadire la necessità di «ritocchi». Del resto già applicati nei fatti. Basti ricordare il caso di Augusta Montaruli, piazzata come sottosegretaria all'Università e Ricerca a dispetto d'una condanna definitiva in Cassazione per peculato presa quando era consigliera regionale in Piemonte. Un tempo («Aspettiamo il giudizio di terzo grado!») sarebbe stato impensabile. Oggi no.

Eppure è proprio in tempi come questi, in cui l'attenzione per le storture che dicevamo è decisamente meno vigile rispetto al passato, che un libro come *Io so' io* di Sergio Rizzo, col titolo ispirato alla tracotanza guascona del potere del *Marchese del Grillo* di Mario Monicelli ripresa dal celebre sonetto romanesco di Giuseppe Gioachino Belli, è indispensabile. Perché dimostra come, sopita la rabbiosa indignazione popolare per i costi spropositati della cattiva politica, da non confondere con quella buona quale che sia il suo orientamento, certi andazzi siano ripresi come nulla fosse successo, esattamente come prima.

Perché sì, l'abnorme aumento delle spese per gli affitti delle diverse sedi della Camera e del Senato, che nel giro di trent'anni si erano moltiplicati per 41 volte (quarantuno!), non esiste più. E va riconosciuto. Come vanno riconosciuti altri tagli imposti dai fatti. Nel suo nuovo reportage però, oltre a ciò che riguarda la smisurata falange tebana di Lollobrigida, Rizzo ha raccolto una serie di denunce da lasciare sconcertati. Com'è possibile, per esempio, che un Parlamento amputato di circa un terzo dei suoi deputati e senatori costi esattamente come prima se non di più?

Ma lo ricordate lo striscione trionfale dei grillini nell'ottobre 2019 davanti a Montecitorio per festeggiare quel taglio passato con 553 voti a favore, 14 contrari e 2 astenuti? «Meno 345 parlamentari. 1 miliardo per i cittadini.» *Boom!* «Secondo un calcolo fatto con Tito Boeri il taglio di 345 parlamentari permetterà di risparmiare 22 milioni di indennità all'anno, 35 milioni di rimborsi spese, diaria e assistenti e altri 20 milioni per i vitalizi e la doppia pensione per un totale di un'ottantina di milioni l'anno, ma non abbiamo calcolato alcuni costi variabili: con meno eletti il Parlamento spenderà meno in computer, pulizia e produzione di carta» precisò in realtà l'economista Roberto Perotti. Con un risparmio «oscillante tra gli 80 e i 100 milioni di euro l'anno. Quasi mezzo miliardo a legislatura». Il ministro grillino Riccardo Fraccaro era d'accordo: «Mezzo miliardo a legislatura». Ma il capogruppo alla Camera Francesco D'Uva raddoppiava: «Un miliardo! Da reinvestire in servizi ai cittadini: nuovi treni, più personale medico, aule nuove nelle nostre scuole». E così fu, la promessa.

Demagogia. Ricorda Rizzo che nella legislatura avviata nell'ottobre del 2022, «sebbene il numero dei parlamentari sia ridotto del 36,5 per cento, le dotazioni finanziarie di Camera e Senato non si riducono di un centesimo». Totale, a dispetto degli impegni: «Poco meno di un miliardo e mezzo: 943.960.000 euro alla Camera, 505.360.500 euro al Senato». Risultato: «Se dividiamo il totale per il numero degli onorevoli scopriamo che il peso sull'Erario di ogni seggio alla Camera, tutto compreso, è di 2.359.900 euro: 861.559 euro in più. Mentre al Senato il costo è di 2.465.173 euro: 885.922 euro in più».

Dicono: colpa delle spese fisse che restano tali anche se gli eletti sono molti meno. Vero. Mica si possono mandare a casa i dipendenti. Certo è che questi risultano pagati assai: al Senato ce ne sono 595 e stando ai bilanci interni «fra il 2001 e il 2023 il compenso medio pro capite passa da 96.650 a 201.680 euro lordi l'anno». Un aumento reale, al di là dell'inflazione, «del 36,2 per cento». Minore è l'accelerazione alla Camera: più 25,2 per cento. «Ma fantascientifica per il resto del genere umano statale. La paga media annua lorda di un dipendente dell'amministrazione centrale dello Stato si aggira intorno a 38.000 euro. La crescita reale rispetto al 2001 è dell'1,3 per cento. Una miseria.» Offensiva in confronto alla «scala mobile deluxe» rimasta in vigore nel Palazzo.

Dice tutto, del resto, una ricerca nell'archivio Ansa sui «costi della politica». Da quando è al governo, per esempio, Giorgia Meloni, che nel 2018 rivendicò in un'intervista al «Tempo» che «quella contro i vitalizi è una battaglia storica di Fratelli d'Italia, che per primo ha posto il problema in ogni sede istituzionale e parlamentare, quando il Movimento 5 Stelle ancora non esisteva», non ne ha mai fatto cenno. Né nel lunghissimo discorso di insediamento di 19.402 parole, né in una qualsiasi dichiarazione ripresa dall'Ansa. Mai. Come se il taglio degli «insopportabili e odiosi privilegi» (parole sue) non la riguardasse più. Come non fosse stata lei a scrivere su Facebook, dall'opposizione, che «occorre colpire la cupola dei privilegiati, i boiardi di Stato, i supermanager, gli anacronistici burocrati che nessuna riforma è mai riuscita a scalfire». Contraddizioni.

Una delle tante segnalate nel libro. Da quella di Renato Brunetta, che prima guida Forza Italia come capogruppo a votare per abolire il Cnel e poi, fallita l'abolizione, ne diventa il presidente su nomina dei partiti contro cui s'era dimesso perché avevano buttato giù Draghi, fino alla rivendicazione d'appartenenza a FdI («il nostro partito») del dirigente Rai Paolo Corsini dopo anni di polemiche (giuste) contro l'occupazione dei partiti dell'azienda radiotelevisiva pubblica e la promessa di «far entrare aria fresca». Dal conflitto di interessi di Marina Elvira Calderone, che per diventare ministra del Lavoro si dimette dalla presidenza dei Consulenti del lavoro lasciando la poltrona al marito Rosario De Luca, alla coppia formata da Nicola Fratoianni ed Elisabetta Piccolotti, marito e moglie che a Montecitorio «rappresentano quasi un quinto del gruppo parlamentare Alleanza Verdi e Sinistra» e sono forse l'esempio più conosciuto, coi «Melones», della parentopoli politica che coinvolge non solo mariti e mogli ma fratelli e sorelle, cognati e cognate, figli e cugini con ramificazioni nelle Regioni, nei Comuni, nelle aziende di Stato, nel retrobottega del potere nazionale e locale.

Un andazzo antico, che Giorgia Meloni liquida nel gennaio 2024 in un'intervista a «Quarta Repubblica»: «Adesso le do io le carte, nel senso che le danno gli italiani. L'Italia è una Nazione nella quale vige l'amichettismo, ci sono questi circoli di amichettisti dove c'è un indotto. È finito quel tempo, com'è finito il tempo in cui per arrivare da qualche parte serviva la tessera di partito, questo è il tempo del merito». Parole comprensibili, se ogni singola nomina del suo governo non fosse stata nuovamente dettata dall'ansia di piazzare finalmente «amichetti» (a volte anche di valore, ma «amichetti», melonianamente parlando) propri.

Come furono parole d'oro, sul fronte opposto, quelle dette da Matteo Renzi nel gennaio 2018 a «Matrix», la trasmissione di Nicola Porro: «C'è l'idea che chi fa politica sia un po'... traffichino, si dice a Firenze. Siccome credo alla trasparenza, mi sono portato qua il conto corrente di quando ho iniziato a fare il presidente del Consiglio e il conto corrente di oggi pomeriggio... Avevo 21.395 euro il 30 giugno 2014, oggi 15.859. È molto importante per me questo passaggio. Io sulla trasparenza non faccio sconti a nessuno. E le dico, Porro, e voglio dirlo a chi sta qui e voglio dirlo a chi ci segue da casa: se volete fare i soldi non fate politica. Fai politica perché hai un interesse, hai un ideale, hai passione... Poi puoi essere più o meno bravo... Se vuoi fare i soldi vai nelle banche d'affari, non ti metti a fare il politico. Chi fa il politico ha questi conti correnti, se ne ha altri c'è qualcosa che non va». Va da sé, scrive Rizzo, che davanti a una dichiarazione di 3.187.769 euro come quella presentata dallo stesso Renzi per il 2022 dove veniva «moltiplicato per 201 volte quel conto corrente mostrato in tv» è legittimo chiedere: non ci sarà qualcosa che non va?

No, risponde il fondatore di Italia Viva: anche Bill Clinton e Barack Obama e Tony Blair e Nicolas Sarkozy hanno fatto i soldi con i libri e le conferenze dopo essersi dimessi da presidenti e da premier. «Dopo» però, insiste l'autore di *Io so' io*: «Dopo aver lasciato il potere ed essere usciti dalla politica. Mentre Renzi, pur non essendo più un capo di governo, è senatore e pure il capo di un partito capace di condizionare i governi, com'è successo nel passaggio dal secondo esecutivo di Giuseppe Conte a quello di Mario Draghi». Un lobbista di sé stesso elevato al cubo. Cosa che in Italia purtroppo no, ma nei Paesi seri è vietata.

Sarebbe un peccato, però, non ricordare ancora uno

dei punti nevralgici qui toccati dal giornalista oggi a «L'Espresso». Il rischio di un moltiplicarsi di conflitti tra le Regioni e lo Stato avviati con la forzatura sul titolo V della Costituzione voluta dalla sinistra (con una maggioranza risicatissima) nel 2001 nel tentativo di rubacchiare voti alla Lega Nord: «Dal 1995 al 2000 il governo ha impugnato davanti alla Corte costituzionale quarantasei leggi regionali: una media di nove l'anno. Ma dal 2001, quando i poteri regionali sono stati ampliati improvvidamente, al 2014 le impugnazioni sono state 871. In media 62 l'anno». E dopo la bocciatura del referendum renziano del 2016 la situazione è precipitata. Al punto che, cinque anni fa, l'allora ministro Francesco Boccia sbottò: «Ogni anno vengono impugnate oltre 120 leggi regionali. Così non si può andare avanti».

Nel 2023, col governo di destra e gran parte delle Regioni in mano alla stessa destra, la conflittualità è stata più contenuta: 83 ricorsi dei quali 68 promossi dallo Stato e 15 promossi dalle Regioni contro leggi statali. Ma se poi, in condizioni diverse, passasse la riforma sull'autonomia differenziata fortissimamente voluta da Roberto Calderoli ma assai meno appassionatamente vista da Giorgia Meloni? Auguri.

Io so' io

Potevo mettere mia sorella in una partecipata statale ma non me la sono sentita

Giorgia Meloni, 2023

1

Governare non può mai significare comandare

Gianfranco Fini, 2010

Cimitero nazionale degli elefanti

«Signora presidente della Camera, signor presidente del Consiglio, che non c'è, che colpevolmente non c'è, signora ministra Boschi, oggi si sta compiendo un evento grave e drammatico...» Martedì 10 marzo 2015, sono passate le 11.30. Il capogruppo di Forza Italia Renato Brunetta prende la parola ma tutti conoscono già il discorso. La riforma targata Matteo Renzi e Maria Elena Boschi, che si sta per approvare «in un Parlamento lacerato, delegittimato, in un Paese impaurito», è una violenza alla Costituzione, che «rischia di aprire a una svolta autoritaria». Quindi il partito del Cavaliere voterà no. Compatto. È la ritorsione politica contro chi ha tradito il patto del Nazareno.

L'hanno siglato a Roma il 18 gennaio 2014, nella sede del Pd in via del Nazareno, Silvio Berlusconi e il segretario del partito Renzi, pronto a soppiantare il premier Enrico Letta. Il cuore dell'accordo è il sostegno alla riforma costituzionale che abolisce il bicameralismo perfetto, cancella le province e riconsegna allo Stato alcuni poteri devoluti alle Regioni. Si spazza via anche il Cnel: non serve a niente e ha fatto il suo tempo. Era ora. Ma c'è una moneta di scambio, ed è l'impegno a concordare con Berlusconi la nomina del presidente della Repubblica. Fanno male a fidarsi. Anche se all'inizio le cose sembrano procedere per il meglio. Fino a quando Renzi se ne esce a sorpresa con il nome di Sergio Mattarella, ed è come una pugnalata alla schiena.

«Questo contravviene qualsiasi convergenza che si era delineata sul piano delle riforme costituzionali e della legge elettorale. Non voteremo Mattarella» s'infervora Brunetta. In Forza Italia tracima la bile. Con un simile sgambetto l'accordo del Nazareno è carta straccia. Perciò il no alla riforma costituzionale renziana è scontato. Ma prima?

Prima è un'altra storia. I deputati di Forza Italia, prima, gli articoli della riforma li sottoscrivono senza esitare. Soprattutto uno, il 26 gennaio 2015, quando arriva a Montecitorio. È il numero 28, quello che abolisce l'articolo 99 della Carta, sopprimendo il Consiglio nazionale dell'economia e del lavoro. Il *de profundis* per il Cnel lo votano in massa, con il capogruppo Renato Brunetta che dà l'esempio schiacciando senza esitazione il pulsante verde. Presenti 452, votanti 446. Astenuti 6, maggioranza 224. Favorevoli 329, contrari 117. La Camera approva.

Otto anni dopo il doloroso strappo, nell'estate 2022, tutto è cambiato. Gli elettori hanno bocciato la riforma costituzionale, Renzi è andato a casa, i grillini hanno vinto le elezioni, è passata anche la pandemia e Mattarella è rimasto al Quirinale, e stavolta con il placet di Forza Italia, che ha governato con il Pd, la Lega e il Movimento 5 Stelle.

Per dire quanto le cose siano cambiate, un pasdaran forzista del calibro di Renato Brunetta lascia il partito di Silvio Berlusconi. Motivo? Contro ogni previsione e per puro calcolo elettorale Forza Italia ha contribuito a far cadere il governo di Mario Draghi del quale lui, Brunetta, è ministro della Pubblica amministrazione. Antonio Tajani gli dà del traditore, e il medesimo epiteto investe Mara Carfagna e Mariastella Gelmini che hanno mollato il Cavaliere per Carlo Calenda. «Non sono io che lascio, è Forza Italia che lascia sé stessa. Non votando la fiducia a Draghi ha tradito la sua storia e i suoi valori» lo rintuzza Brunetta. Con Tajani che insiste: «Quando uno cambia partito, si dimette da ministro!». Sollecitazione totalmente inutile, visto che il governo non c'è più.

Ma il tempo sana ogni ferita: il 20 aprile 2023, nove mesi dopo il fattaccio, ecco tornare in pista il «traditore» in versione figliol prodigo. Il governo di quelli che hanno fatto cadere Draghi nomina Brunetta presidente dell'organo costituzionale che egli stesso voleva sopprimere. E Brunetta volentieri accetta. Vittima di amnesia?

Non è la prima volta che un ex ministro sale al vertice del Cnel. Anzi. Il democristiano Pietro Campilli è stato presidente dal 1959 al 1974. Nel 2005 la situazione politica impone un rimpasto del governo di Silvio Berlusconi. Si deve far tornare Giulio Tremonti e bisogna garantire un avanzamento a Claudio Scajola, l'ex ministro dell'Interno rientrato al governo dopo il purgatorio seguito al clamoroso scivolone («era un rompicoglioni...») sul giuslavorista Marco Biagi assassinato dalle Brigate rosse, ma in una posizione defilatissima. E quale posto migliore per il ras forzista di Imperia se non quello di ministro delle Attività produttive occupato da Antonio Marzano? Perfetto. E Marzano, tessera numero 9 di Forza Italia? Bisogna trovargli un'occupazione, così Berlusconi gli consegna il Cnel, e lui ci resta dieci anni. Poi è la volta di Tiziano Treu, ex ministro dell'Ulivo. E infine di Brunetta.

Il Cnel ha 58 dipendenti e spende una dozzina di milioni l'anno. Una volta costava il doppio. Le spese sono state ridimensionate anche grazie alla decisione di non pagare più l'indennità ai consiglieri. Il che ha fatto venire un po' meno la funzione di sinecura con gettone e rimborsi dell'incarico al Consiglio nazionale dell'economia e del lavoro. Relegatelo al ruolo di sinecura e accontentatevi. Per decenni il Cnel non è stato solo un deposito di politici a fine carriera gratificati con una poltroncina in un carrozzone pubblico, ma soprattutto il parcheggio per sindacalisti ormai in disuso meritevoli di qualche riconoscimento. Casi inarrivabili ne hanno punteggiato la storia. Tanto che pochi si potrebbero stupire se la sigla Cnel non significasse Consiglio nazionale dell'economia e del lavoro, bensì Cimitero nazionale degli elefanti.

Casi come quello di Raffaele Vanni, segretario generale della Uil. Che però quando entra ha 30 anni appena compiuti. È il 20 febbraio 1958: Domenico Modugno ha appena vinto il Festival di Sanremo con *Nel blu dipinto di blu*, la legge di Lina Merlin sulla chiusura delle case di tolleranza non è ancora in vigore e la Comunità economica europea è appena nata. Quando ne esce, di anni ne ha 84. Per cinquantaquattro anni ininterrotti, dalle finestre della magnifica villa che porta il nome di David Lubin dove aveva la responsabilità dei problemi del Sud, ha visto scorrere le stagioni politiche e 48 governi. L'epoca d'oro e poi il tramonto della Cassa del Mezzogiorno, la nascita e la morte dell'Agenzia che l'aveva sostituita, e le centinaia di migliaia di miliardi di lire che scorrevano. Senza ridurre di una briciola il divario economico fra i due pezzi dell'Italia. Il suo ruolo, a dir poco ininfluente. Come tutto il resto della baracca.

Il Consiglio nazionale dell'economia e del lavoro ha il potere di fare proposte di legge. In sessantasei anni ne ha sfornate una cinquantina, che si riducono a 34 escludendo varianti e riproposizioni. Una ogni 700 giorni e spicci. Quante approvate? Tre, e in testo unificato con altre proposte analoghe già presentate dai parlamentari, come quella sull'oblio oncologico. E l'attività legislativa è diventata frenetica dal 2017, con Treu alla presidenza. Guarda caso, dopo che la bocciatura del 4 dicembre 2016 al referendum renziano ha fatto tirare un bel sospiro di sollievo, ed è partita la corsa a dimostrare l'utilità dell'ente inutile. Una missione impossibile. Almeno fino a quando è arrivato Brunetta. E l'ente inutile è diventato finalmente utile.

Come si ricava dal sito ufficiale del Cnel, nella «struttura di diretta collaborazione» del nuovo presidente sono in 13: 3 dipendenti fissi più 10 collaboratori con incarichi professionali. Numero paragonabile a un quarto di tutto il personale fisso dell'ente. Ci sono tre addetti stampa, una segreteria tecnica di tre persone, un consigliere per il programma, uno per i rapporti con le istituzioni economiche, culturali e scientifiche, uno per i rapporti con le parti sociali. E una consigliera per la comunicazione istituzionale che si chiama Giulia Mancini: la figlia di Stefania Profili, storica e fedelissima assistente di Brunetta («mio mentore», lo gratifica su Facebook), già candidata senza fortuna al Senato per Forza Italia nel 2018 e ora a capo della sua segreteria al Cnel. Con lei, cinque persone.

Entrambe, madre e figlia, oggetto di una velenosa interrogazione parlamentare sul concorso da dirigente del Formez vinto proprio da Giulia Mancini. Presentata alla Camera e diretta al ministro della Pubblica amministrazione Brunetta, per sapere «se abbia in qualche modo influito la posizione apicale ricoperta presso il ministro dalla madre della candidata». La data è del 1° agosto 2022, pochi giorni dopo la rottura fra Brunetta e Forza Italia. Autore dell'interrogazione il futuro sottosegretario alla Giustizia Andrea Delmastro Delle Vedove, come vedremo braccio destro a tutto tondo di Giorgia Meloni.

Ma in politica si dimentica in fretta. Passare da alleato ad avversario e di nuovo da avversario ad alleato è un attimo. E Brunetta, che non voleva far cadere Draghi, si ritrova nei panni di un arbitro che parteggia per quelli che hanno fatto cadere Draghi. Per la prima volta nella storia della Repubblica un governo condiziona una propria decisione cruciale in materia di lavoro al parere vincolante del Cnel. Introdurre anche in Italia il salario minimo per legge come chiedono le opposizioni, oppure soprassedere come vogliono governo e maggioranza? Ecco il dilemma girato a Brunetta da Giorgia Meloni. Ed ecco la sua risposta: no al salario minimo per legge, ha ragione il governo. Ma non si tratta di una coincidenza. È la stessa posizione di Brunetta non ancora presidente del Cnel. E non si vede perché debba rinnegarla proprio adesso. «Il salario minimo per legge non va bene perché è contro la nostra storia di relazioni industriali e sindacali» sentenzia il 4 giugno 2022 al Festival dell'Economia di Trento. «Se mettiamo insieme il salario minimo, che uccide la contrattazione, con il reddito di cittadinanza, noi abbiamo distrutto il mercato del lavoro» precisa ancora per chi non avesse capito il 23 giugno seguente al Festival del Lavoro di Bologna.

E forse la premier ignora quale sia l'idea di Brunetta quando gli chiede un parere sul salario minimo per legge? Come far decidere a un cacciatore se la caccia va abolita o meno. Geniale.

Ma è una cosa mai vista prima. Chi ha vinto le elezioni è riuscito a trasformare un organo costituzionale, perché l'inutile Cnel è pur sempre questo, in una succursale del governo in carica.

Non si fanno prigionieri

«Governare non può mai significare comandare» avverte il presidente della Camera e leader di Alleanza nazionale Gianfranco Fini, il 5 settembre 2010. Prima e dopo di lui il concetto l'hanno ripetuto in molti. Anche l'ex segretario del Partito democratico Enrico Letta. Ma che l'abbia detto Fini, il coach politico della presidente del Consiglio Giorgia Meloni, ha un peso non indifferente. Dovrebbe far riflettere chi è nella stanza dei bottoni. E agisce invece in modo contrario. Si comporta come se la vittoria alle elezioni e la conquista di palazzo Chigi significassero acquisire la proprietà esclusiva della cosa pubblica.

Per la verità, tale singolare modo di concepire l'amministrazione di un Paese a democrazia parlamentare ha radici ormai trentennali. E pure la sinistra, che tanto s'indigna per i comportamenti predatori della destra al governo, si è senza troppi problemi di coscienza adattata fin dall'inizio allo stile del potere in voga dalla cosiddetta Seconda Repubblica. Uno stile inaugurato con questa frase di Cesare Previti pubblicata dal «Messaggero» il 15 aprile 1996: «Stavolta, se vinciamo, non faremo prigionieri».

Un anno dopo, intercettato al palazzo di Giustizia

di Milano, il ministro della Difesa del primo governo di Silvio Berlusconi ne spiega la genesi. «Veramente fu un vostro collega a scriverla, ma ormai è come se l'avessi detta. Dopo una cena elettorale con i candidati del Polo, quando pareva che potessimo vincere, preso da euforia uno di Alleanza nazionale disse: "Stavolta non faremo prigionieri" e uno di Forza Italia rispose: "Saranno loro che non faranno prigionieri". Io dissi solo: "Lo scontro è tanto violento che non ci saranno prigionieri".»

Il motto è passato alla storia. Ma si tratta di un codice di condotta applicato nel Parlamento ancor prima della frase sciagurata. Risale al debutto vittorioso del berlusconismo che sdogana i resti del neofascismo: nel 1994 il centrodestra guidato dal Cavaliere va al governo con il Movimento sociale, che esiste ancora. Il partito fondato da Giorgio Almirante e dai reduci repubblichini viene infatti sepolto a Fiuggi soltanto il 27 gennaio 1995 con la nascita di Alleanza nazionale. Quando ormai il primo governo di Silvio Berlusconi è un ricordo, e a palazzo Chigi si è insediato Lamberto Dini.

Fino ad allora è in vigore una convenzione non scritta per cui le presidenze delle due Camere vengono spartite fra maggioranza e opposizione. Il bon ton istituzionale comincia nel giugno del 1968, quando la Camera elegge il primo presidente non democristiano: è il socialista Sandro Pertini. Il Psi si trova formalmente all'opposizione, considerato che il governo guidato da Giovanni Leone è un monocolore Dc. Da quel momento i presidenti della Camera sono riservati al Pci, che non può governare, e quelli del Senato alla maggioranza di governo. Da una parte Pietro Ingrao, Nilde Iotti e Giorgio Napolitano con un brevissimo intervallo (31 giorni) di Oscar Luigi Scalfaro subito dirottato alla presidenza della Repubblica; dall'altra Amintore Fanfani, Tommaso Morlino, Vittorino Colombo, Francesco Cossiga, Giovanni Malagodi e Giovanni Spadolini.

La svolta avviene il 16 aprile 1994 con la vittoria del centrodestra. La Camera elegge la giovane leghista Irene Pivetti. E il Senato Carlo Scognamiglio, arrivato a palazzo Madama con Forza Italia.

Nel 1996 è invece il centrosinistra a vincere le elezioni: ecco allora Luciano Violante del Pds alla Camera e Nicola Mancino del Partito popolare al Senato.

Cinque anni dopo torna il centrodestra: ecco quindi Pier Ferdinando Casini del Ccd alla Camera e Marcello Pera di Forza Italia al Senato.

Altri cinque anni e rivince il centrosinistra: ecco dunque Fausto Bertinotti di Rifondazione comunista alla Camera e Franco Marini della Margherita al Senato.

Nel 2008 è di nuovo il turno del centrodestra: ecco perciò Gianfranco Fini alla Camera e Renato Schifani al Senato, entrambi del Pdl.

Il Pd prevale di un soffio nel 2013 senza avere i numeri per governare. Secondo logica sarebbe giusto rispolverare quella vecchia usanza della Prima Repubblica, tanto più che in Parlamento è sbarcata in massa una nuova forza politica, il Movimento 5 Stelle. Invece no: nemmeno la sinistra fa prigionieri, e manda Laura Boldrini alla Camera e Pietro Grasso al Senato.

Nel 2018 stravincono i grillini e si riaffaccia l'antica regola, ma per convenienza e non per galateo: Roberto Fico del Movimento 5 Stelle alla Camera e Maria Elisabetta Alberti Casellati al Senato.

L'ultimo giro è la vittoria schiacciante della destra, con il leghista Lorenzo Fontana alla Camera e il fondatore di Fratelli d'Italia Ignazio La Russa al Senato.

La regola che non si fanno più prigionieri vale per tutto. Vale per le società pubbliche, dove l'occupazione dei posti da parte di chi comanda non ha precedenti. Né ritegno. «Mia sorella è militante di Fratelli d'Italia da trent'anni. Forse la potevo mettere in una partecipata statale com'è stato fatto per diversi altri parenti. Ma non me la sono sentita e l'ho messa a lavorare nel partito mio» ironizza (ma nemmeno troppo) Giorgia Meloni con il giornalista del «Foglio» Simone Canettieri, che il 4 gennaio 2024 durante la conferenza stampa della premier rispolvera la questione della «conduzione familiare» del suo partito. Che è di fatto nelle mani di Arianna Meloni, la sorella di Giorgia. Con quel «Forse la potevo mettere in una partecipata statale...» le scappa la frizione. Ma non è altro che la pura verità. Poteva farlo, e nessuno si sarebbe scandalizzato più di tanto.

Vale per la Rai, dove un alto dirigente della tv di Stato (Paolo Corsini) dal palco di Atreju, la festa dei giovani di Fratelli d'Italia, dichiara pubblicamente di appartenere al «nostro partito», che sarebbe poi quello della premier Giorgia Meloni. Alzando di un bel po' l'asticella piazzata dall'ex direttore del Tg1 Bruno Vespa, che alla vigilia delle elezioni del 1992 dichiara al «Corriere della Sera», senza troppi infingimenti: «L'editore di riferimento per questo telegiornale è la Dc».

Vale perfino per le autorità indipendenti. Si arriva all'assurdità di nominare alla presidenza della Consob, l'autorità incaricata di vigilare sulla borsa e quindi anche sui risparmi degli italiani, esponenti fino a quel momento del governo in carica come il viceministro dell'Economia Giuseppe Vegas nel 2011 e il ministro per gli Affari europei Paolo Savona nel 2019.

E tutto ciò senza un sussulto di reazione da parte di chi si trova all'opposizione. I partiti non ci sono più. Restano come espressione di interessi di singoli leader, correnti o gruppi di pressione. I parlamentari dal 2006 vengono nominati dai boss del partito e non eletti dai cittadini, che si devono limitare a mettere una croce sul simbolo. L'ultima farsa è quella della legge elettorale «Rosatellum», dal nome del deputato del Pd Ettore Rosato suo ideatore: un terzo dei seggi assegnati con il sistema maggioritario ma senza poter dare il voto disgiunto dalla lista proporzionale. Annullando in questo modo ogni possibilità di scelta alternativa ai candidati del partito vincente.

La verità è che il sistema per cui gli «eletti» sono di fatto nominati da chi controlla gli apparati di partito va bene a tutti: destra e sinistra. E perfino a chi aspira a essere «eletto». In caso contrario le stesse assurde regole elettorali che esistono con differenti gradazioni dal 2006 sarebbero state cambiate.

La conseguenza? Il Parlamento non ha più la funzione che la Costituzione gli assegna. Dovrebbe essere il luogo dove si concepiscono, si discutono e si approvano le leggi; invece le produce il governo e il Parlamento si limita a votare i suoi decreti, scritti dagli alti burocrati esperti legislativi dei ministeri. Gli eletti dai cittadini dovrebbero avere il controllo sul potere esecutivo, ma sono ridotti a ratificare decisioni politiche prese dai capi dei partiti o nelle stanze dei ministri.

In quale Parlamento democratico sarebbe stata respinta la mozione di sfiducia presentata nei confronti della ministra del Turismo Daniela Garnero Santanchè, così invischiata, ancora mentre questo libro va in stampa, in cause e polemiche riguardanti le proprie attività imprenditoriali, se non ci fosse un ordine di scuderia imperativo per gli «eletti» della maggioranza e del suo partito? E che nessuno, ma proprio nessuno, si arrischia a mettere in discussione? Perché chi governa, in Italia, comanda. È la regola della Terza Repubblica, quella del premierato. O la scorciatoia per il potere assoluto.

Scendo quando voglio

Le prove generali si fanno anche in treno. «Fiera di lui» si dichiara Arianna Meloni all'inviata di «Piazzapulita» che le chiede un commento sull'iniziativa di suo marito Francesco Lollobrigida. Il ministro della Sovranità alimentare ha un impegno pubblico a Caivano, nel Napoletano. Va a inaugurare il nuovo parco pubblico: perché debba farlo il ministro che si occupa di agricoltura è un mistero, ma questa è un'altra storia. Quel giorno piove a dirotto e il Frecciarossa che lo sta portando a Napoli è in tremendo ritardo per problemi sulla linea. Allora lui chiede di scendere. Prontamente il treno si ferma a Ciampino. Dove Lollobrigida sale su un'auto blu con la scorta, che lo porta a Caivano.

Scoppiano le polemiche, con inevitabili richieste di dimissioni. Che lui respinge sdegnato: «Si è trattato di una fermata straordinaria che, al ricorrere di casi straordinari, Trenitalia realizza abitualmente e che è stata annunciata e resa fruibile per tutti i passeggeri». Il partito fa quadrato intorno al cognato della premier. Già ben protetto di suo. Circondato com'è al ministero da uno staff, il cosiddetto «ufficio di diretta collaborazione», che conta 83 persone (senza considerare gli uomini della sicurezza). Un apparato così nutrito che si è reso necessario stanziare con la finanziaria 2 milioni l'anno in più. Gli alleati minimizzano. Mentre la moglie gonfia addirittura il petto.

E Trenitalia? Se la cava con un comunicato stampa che fa tenerezza: «La fermata a Ciampino non ha comportato ulteriore ritardo per i viaggiatori, né ripercussioni sulla circolazione, né costi aggiuntivi per l'azienda. Il treno si è fermato poco dopo Roma Termini per quanto stava accadendo in linea, e la deviazione via Cassino è stata decisa anche in virtù della fermata già prevista a Napoli Afragola. Dopo la ripartenza è stata disposta la fermata presso la stazione di Ciampino, dove sono scese le istituzioni presenti a bordo, per poter far fronte a impegni istituzionali». E continua: «Le motivazioni per cui un treno effettua una fermata straordinaria sono diverse. Fra queste, per esempio, interventi del 118, casi di ordine pubblico o presenza a bordo treno di viaggiatori intemperanti». O anche di ministri che pretendono di scendere dove non è prevista alcuna fermata e ai quali non si può dire di no, avrebbero potuto aggiungere con uno sforzo di sincerità: non avrebbe guastato. Come negare un piccolo favore, se a chiedertelo è chi ti ha dato quel posto? Il consiglio di amministrazione di Trenitalia è stato nominato a maggio del 2023 dal governo Meloni di cui fa parte Lollobrigida. Che ha confermato l'amministratore delegato Luigi Corradi.

Il fatto è che, con le nomine (e l'occupazione) dei vertici delle società pubbliche, i partiti e chi è al potere esecutivo ritengono di assumerne anche i diritti di proprietà. Ma ancora più grave è che gli amministratori collocati dalla politica lo accettino, come se questo fosse nell'ordine delle cose.

Le cronache del trasporto pubblico raccontano vicende strepitose. Nel 2001, secondo governo di Silvio Berlusconi, ministro dell'Interno è Claudio Scajola. Ha base a Imperia, e arrivare a Roma è un'impresa. A meno che non ci sia un collegamento aereo diretto. L'urlo di dolore fa breccia nei cuori della boccheggiante Alitalia, che immantinente apre una linea dall'aeroporto di Villanova d'Albenga, 30 chilometri da casa del ministro, a Roma. Ma Scajola dopo qualche mese si deve dimettere e il volo non serve più: soppresso in un baleno. Finché Berlusconi non richiama Scajola al governo come ministro per l'Attuazione del programma. Allora riecco il volo da Villanova d'Albenga. Ma non più Alitalia: ci pensa l'Air One di Carlo Toto, che ha avuto i soldini per la continuità territoriale. Va avanti fino a quando cade il governo Berlusconi e Scajola non è più ministro. Poi il volo scompare di nuovo. Per riapparire ancora nel 2008. Scajola è tornato al governo, e stavolta la linea dovrebbe essere gestita da un altro operatore privato. Ci provano con ogni mezzo, ma in nessun modo l'operazione regge economicamente. E alla fine gettano la spugna.

In confronto a questo, ciò che accade il 6 luglio 1998 a Fiumicino è una bazzecola. Il protagonista è Massimo D'Alema. Il segretario del partito di maggioranza del governo di Romano Prodi, che lui stesso sta per rilevare nell'incarico di presidente del Consiglio, ha un impegno a Torino. L'aereo è già sulla pista, pronto a partire, quando il comandante annuncia che per un ingorgo nei cieli di tutta Europa si decollerà con un bel ritardo. D'Alema aspetta 40 minuti, poi chiede di scendere per tornare in aeroporto. Non deve disturbare i capi dell'Alitalia. La richiesta viene subito esaudita.

Neppure Bettino Craxi chiama in causa i vertici della compagnia di bandiera. Gli basta l'impiegato che sta al banco di Fiumicino con la lista d'attesa in mano. «Craxi lo aveva preso per il bavero e lo scuoteva, accusandolo di non volerlo imbarcare apposta sull'aereo» racconta l'ex deputato radicale Marcello Crivellini che assiste alla scena. Quel giorno di dicembre del 1982 c'è anche lui, davanti al gate del volo per Milano, a qualche passo dal segretario socialista: «Eravamo tutti in lista d'attesa ma non c'erano posti. Bettino cominciò a dare in escandescenze, poi quando lo vidi alzare le mani decisi di intervenire». Correndo però un bel rischio. «Si scagliò pure contro di me. Per fortuna c'era della gente in mezzo. Poi arrivarono altri funzionari trafelati e Craxi fu imbarcato. Io, invece, rimasi a terra.»

Come a terra rimane Roberto Formigoni. La sera del 19 maggio 2015 è all'aeroporto di Fiumicino per prendere l'ultimo volo diretto a Milano. L'ex presidente della Regione Lombardia in quel momento è senatore e sulla sua testa pende il rinvio a giudizio per corruzione in relazione all'inchiesta sulla sanità lombarda, per cui verrà condannato nel 2019 in via definitiva a 5 anni e 10 mesi. Secondo Alitalia, Formigoni arriva quando il gate è ormai chiuso. Fatto sta che anche lui dà in escandescenze e la scena viene ripresa con lo smartphone da un passeggero che posta il video su Facebook. Livido di rabbia, Formigoni afferra il telefono sul bancone e chiama un responsabile della compagnia, coprendolo di insulti irripetibili. «Ho il suo nome, la denuncerò» minaccia. Poi scaraventa l'apparecchio per terra. Il giorno dopo il «Corriere» lo chiama per raccogliere la sua versione. E il «Celeste», serafico: «Se ripeterei quei termini? Assolutamente sì, ho utilizzato le parole che userebbe qualsiasi italiano maschio». Contento lui...

Il senso della realtà

Maggio 2023, Berlino. Diecimila tedeschi sono nella Mercedes-Benz Arena per ascoltare Barack Obama sui segreti della leadership. «È che non devi prenderti troppo sul serio» sorride l'ex presidente degli Stati Uniti. Ma poi ammonisce: «Se stai troppo al potere perdi il senso della realtà, nessuno ti dice le cose come stanno. Ed è questo lo svantaggio delle autocrazie rispetto alle democrazie».

Ecco il pericolo insito nel potere, grande o piccolo che sia. Può far perdere il senso della realtà.

Prendiamo quello che sta accadendo in Italia. Dove la regola è lo stravolgimento della realtà. Quando non dei loro stessi propositi. Qualche assaggio?

«Penso che l'Italia debba dire chiaramente all'Europa: noi vogliamo uscire dall'euro!» dice Giorgia Meloni l'8 marzo 2014 al congresso di Fratelli d'Italia.

«Non mi ricordo di aver detto che bisognava uscire dall'euro» afferma invece la presidente del Consiglio Giorgia Meloni al Senato, il 23 novembre 2023.

«Sterilizzazione delle entrate dello Stato da imposte su energia e carburanti e automatica riduzione di Iva e accise» è scritto al punto 17 del programma di Fratelli d'Italia per la campagna elettorale del 25 settembre 2022.

«Non ho promesso in questa campagna elettorale che avrei tagliato le accise sulla benzina, banalmente perché sapevo quale era la situazione» dichiara Giorgia Meloni l'11 gennaio 2023.

«Le risorse che arriveranno dalla tassazione dei margini ingiusti delle banche andranno a finanziare le misure a sostegno delle famiglie e delle imprese che stanno vivendo un momento di difficoltà per l'alto costo del denaro» dice Giorgia Meloni il 9 agosto 2023.

«Sulle banche avevamo previsto zero e se entrerà zero è uguale a quello che avevamo previsto. L'intervento [sugli extraprofitti del sistema bancario, *NdA*] è per dare solidità al sistema bancario perché sia il più solido d'Europa» rettifica il suo ministro dell'Economia Giancarlo Giorgetti.

Esistono «situazioni dove c'è chi accetta un lavoro duro per 3 euro l'ora. Per questo noi siamo per il salario minimo» professa Matteo Salvini l'11 settembre 2015.

«Mettere un salario minimo rischia di abbassare gli stipendi» afferma invece il ministro delle Infrastrutture Matteo Salvini il 10 agosto 2023.

E la propaganda del governo? Per mesi gli organi ufficiali e ufficiosi di Fratelli d'Italia hanno rivendicato il calo dell'inflazione come effetto dell'azione dell'esecutivo di Giorgia Meloni. Mentre il rallentamento dei rincari, concordano gli economisti, altro non è che la conseguenza della flessione dei prezzi dell'energia e della politica dei tassi della Banca centrale europea. I menestrelli del principale partito di governo ascrivono fra i meriti della premier perfino la crescita delle quotazioni di borsa. Che semmai, almeno per quanto riguarda i titoli delle banche, hanno beneficiato dell'esatto contrario: cioè la marcia indietro del governo sugli extraprofitti, che ha consentito agli istituti di credito di conservare gran parte degli utili nel proprio patrimonio anziché darli allo Stato per «finanziare misure a sostegno di famiglie e imprese». Mentre per mesi i prezzi della benzina e del gasolio sono rimasti astronomici a causa dell'obbligo per i distributori di esporre cartelli con il prezzo medio regionale. Il che ha indotto anche gli esercenti meno esosi a rincarare.

E rullano, i tamburi del governo, per far passare il messaggio che la seconda manovra targata Meloni abbia ridotto drasticamente le tasse per i meno abbienti. Sorvolando sul dettaglio che le modestissime sforbiciatine all'Irpef, capaci di far risparmiare ai contribuenti delle fasce inferiori fino a ben 22 euro mensili, saranno compensate dall'aumento dell'Iva sugli assorbenti e i pannolini. Alla faccia dei paroloni sul sostegno alle donne e alla natalità.

Serpeggia l'allergia ai controlli. L'autorità anticorruzione è considerata un fastidioso orpello, e il capogruppo alla Camera di Fratelli d'Italia Tommaso Foti presenta una proposta di legge per limitare i poteri della Corte dei conti. Ci hanno provato in tanti, è vero. Anche i governi di sinistra. Ma si torna sempre lì. Chi ha la «responsabilità di governare» è convinto che sia sinonimo di «potere di comandare» perché ha l'investitura popolare e non sente ragioni. Fino a perdere il senso della realtà.

Aria fresca di Minculpop

«Siamo arrivati al governo della nazione dopo anni di militanza e non intendiamo scendere a patti con nessuno.» Il borioso messaggio riecheggia sui social media di Fratelli d'Italia. Adesso comandano loro. Anche se questa rivendicazione non è proprio esatta. Al governo ci sono già stati e a lungo, ma con un vestito diverso, più curato. Ora hanno rimesso l'abito di prima e hanno molti conti da regolare. Quello con la cultura egemonizzata dalla sinistra, per citarne uno.

La missione è affidata all'ex direttore del Tg2 Gennaro Sangiuliano, che atterra con marchio leghista sul telegiornale in pieno governo Matteo Salvini - Luigi Di Maio. Da giovane è missino al quadrato. Milita nel Fronte della gioventù, come l'80 per cento dei componenti dell'esecutivo di Fratelli d'Italia. Poi, nel 1996, si ritrova direttore del quotidiano napoletano «Roma» ispirato dal deputato Giuseppe Tatarella, reduce dall'incarico di ministro delle Poste del primo governo di Silvio Berlusconi. Quindi prova a imboccare il Parlamento con Alleanza nazionale nel 2001, ma fa cilecca. Prontamente si apre il paracadute della Rai e comincia a risalire la corrente nella scia della destra.

Entrare nel governo di Giorgia Meloni è come tornare nel grembo materno. E per affrontare una sfida cruciale: disinfestare la cultura italiana dai detriti della sinistra, che da decenni se ne sarebbe proditoriamente appropriata. Nell'ardua impresa non è solo. Con lui c'è il presidente della commissione Cultura della Camera

Federico Mollicone, altro ex missino che la passione politica ha privato del tempo da dedicare agli studi universitari: come Giorgia Meloni è diplomato al liceo linguistico. E l'ala protettiva del presidente del Senato Ignazio La Russa nonché del suo ex vice e capogruppo di Forza Italia, senatore Maurizio Gasparri, rafforza la determinazione ministeriale. Cui non si sottrae neppure il sottosegretario Gianmarco Mazzi, autore televisivo di lungo corso e già consulente del medesimo ex ministro delle Comunicazioni Gasparri.

La regola è sempre la stessa: non si fanno prigionieri. E qui non ci può essere alcuna eccezione. L'occupazione dei posti prima appannaggio della sinistra, o di persone ritenute di sinistra, dev'essere completa e totale. Anche forzando a più non posso le regole istituzionali. I sindaci dell'opposizione finiscono rapidamente nello schiacciasassi, nonostante gli enti lirici dipendano formalmente da loro.

Roberto Gualtieri è costretto a ingoiare la nomina del regista Luca De Fusco al Teatro di Roma.

Il sindaco di Verona Damiano Tommasi non riesce a opporsi alla riconferma della soprano Cecilia Gasdia alla soprintendenza della Fondazione Arena, piazzata lì dal suo predecessore di destra Federico Sboarina. La sponsorizzazione di Gianmarco Mazzi è insormontabile.

Il sindaco di Firenze Dario Nardella subisce il commissariamento del Teatro del Maggio fiorentino con Onofrio Cutaia, direttore creatività del ministero di Sangiuliano.

Marino Sinibaldi deve mollare la presidenza del Centro per il libro e la lettura al vicecaporedattore Cultura del Tg2 di Sangiuliano, Adriano Monti Buzzetti Colella. Di fronte alle critiche per il blitz, Mazzi non fa una piega: «Vogliamo liberare la cultura, fare entrare aria fresca. E se questo non vi piace, dovete farvene una ragione perché è quello che intendiamo fare».

Aria fresca alla presidenza del MAXXI, al posto dell'ex deputata e ministra del Pd Giovanna Melandri che è stata per dieci anni su quello scranno, è Alessandro Giuli: «Giornalista di "Libero", ex militante di Meridiano Zero, autore di opere sull'identità postfascista e il culto di Cibele», nella sintesi di Sabina Minardi per «l'Espresso».

Aria fresca alla Biennale di Venezia, dove si compie l'uscita di scena di un mostro sacro del cinema come Roberto Cicutto e la sua sostituzione con Pietrangelo Buttafuoco. Atto che «segna la fine di un'immotivata egemonia della sinistra in ambito culturale», esulta Maria Cristina Caretta di Fratelli d'Italia insieme a tutto il partito. Aspettando l'eventuale designazione della direttrice d'orchestra Beatrice Venezi, consigliera di Sangiuliano, alla Biennale musica.

Aria fresca alla Pinacoteca di Brera è Angelo Crespi, che lascia la presidenza del Maga di Gallarate, in passato consigliere del ministro berlusconiano Sandro Bondi.

Aria fresca alle Gallerie Estensi e alla Pinacoteca di Ferrara è Alessandra Necci, già consigliera dell'ex ministro Udc della Funzione pubblica Mario Baccini nonché candidata senza fortuna alle europee del 2004, figlia dello scomparso ex capo dell'Enimont e delle Ferrovie Lorenzo Necci.

Aria fresca alla Fiera di Francoforte è l'ex direttore del Tg2 Mauro Mazza, battezzato giornalisticamente al «Secolo d'Italia», invece dell'ex sottosegretario prodiano Ricardo Franco Levi, già presidente dell'Associazione italiana editori.

Aria fresca al Centro sperimentale di cinematografia è Sergio Castellitto al posto di Marta Donzelli, dimissionata grazie a un emendamento del decreto sul Giubileo che assegna al governo in carica il potere di nominare i vertici.

Aria fresca alla direzione generale degli Archivi del ministero di Sangiuliano, dov'è custodita la memoria del Paese, è l'ex capo dell'ufficio legislativo Antonio Leo Tarasco. Nel suo recente passato, prima dell'anacronistico tariffario per far pagare a chicchessia la tassa per lo sfruttamento d'immagine dei beni pubblici culturali, lascia un segno indelebile il bando con cui l'uso della meravigliosa Certosa di Trisulti viene assegnato ai sodali del demiurgo sovranista di Donald Trump, Steve Bannon. Assegnazione successivamente revocata.

Aria fresca al vertice di Ales servizi, la cassaforte del ministero, è l'assessore ai servizi sociali di Frosinone Fabio Tagliaferri, da tutti i media locali descritto come «fedelissimo di Arianna Meloni».

Come indelebile nelle note biografiche del ministro Gennaro Sangiuliano rimarrà l'imbarazzante (per lui) scambio di battute con Geppi Cucciari alla celebrazione del premio Strega 2023.

Sangiuliano: «Leggere è una cosa fondamentale, molto bella, che ti arricchisce, che ti fa vivere momenti esistenziali. Ho ascoltato le storie che sono espresse in questi libri che sono finalisti questa sera, sono tutte storie che ti prendono, che ti fanno riflettere. Ecco, proverò a leggerli».

Cucciari: «Ah... non... non li ha letti?».

Sangiuliano: «Sì, li ho letti perché ho votato. Però voglio... come dire... approfondire, questi volumi».

Cucciari: «Cioè, oltre la copertina, dentro...».

E il siparietto deve aver lasciato qualche piccola scoria, se qualche mese più tardi la stessa Geppi Cucciari, insieme al suo co-conduttore di «Un giorno da pecora» Giorgio Lauro, viene raggiunta, secondo vari giornali, da una letteraccia dell'avvocato del ministro che diffida la trasmissione radiofonica di Radio1 dal continuare a canzonarlo. Il legale lamenterebbe che il ministro sarebbe bersagliato continuamente da frecciate denigratorie a proposito di una sua presunta carenza di preparazione culturale: insussistente, in quanto laureato in giurisprudenza. Ma un ministro della Cultura che viene dalla Rai e diffida la Rai non ha precedenti.

Io so' io, e vvoi nun zete un cazzo

Il professore della University of Pennsylvania Antonio Merlo ha una teoria applicabile all'Italia con il nome di «mediocrazia». Il succo è che il potere utilizza le istituzioni per mantenersi in vita, perpetuarsi. Il risultato è il progressivo degrado delle classi dirigenti politiche, le quali anziché pensare all'interesse collettivo degli elettori si concentrano su quello di chi le ha nominate. La fedeltà al capo del partito o al leader della corrente fa sempre più premio sulla qualità. E la selezione su base meritocratica del personale politico va a farsi friggere.

La «mediocrazia» riguarda tutti i partiti e le eccezioni si contano sulle dita di una mano. Non è neppure una deriva recente: viene da lontano. Ma ha preso via via una piega inaccettabile, con casi inimmaginabili.

Un episodio? A inizio 2023 la premier manda alla presidenza di 3-I, società candidata a gestire tutta l'informatica pubblica, un certo Claudio Anastasio. La nomina spetta per legge alla presidente del Consiglio, e questo signore, un protetto di Rachele Mussolini, nipote di Benito ed esponente di Fratelli d'Italia, è stato gestore del sito nostalgico Mussolini.net. Potrebbe evitare di farlo ricordare. Invece per il suo discorso d'insediamento utilizza le stesse parole pronunciate nel 1925 dal duce alla Camera per rivendicare politicamente l'assassinio di Giacomo Matteotti. Troppo grossa perché possa rimanere su quella poltrona, e infatti se ne va. Il problema però sta a monte. In chi l'ha scelto. Convinta, evidentemente, che quando si va al governo non si debba il minimo rispetto né a chi la pensa in modo diverso, né alle istituzioni repubblicane.

E in un Paese nel quale il potere ha imboccato questa deriva ci si può sorprendere se la giustizia cerca di adeguarsi? Dice tutto del clima che si è generato la pilatesca sentenza con cui la Cassazione ha decretato che il saluto romano non è reato se fatto a scopo commemorativo e non con l'obiettivo di ricostituire il partito fascista. Si giudica caso per caso e una mano lava l'altra.

Segno che anche il codice penale non è insensibile agli umori di corte. Ma questa non è certo una novità.

Gli arresti domiciliari non si negano ormai a nessuno, neppure a chi ha pesanti condanne. Chi ottiene quel beneficio deve rispettare regole piuttosto severe. Nel 2014 la Cassazione stabilisce addirittura che può essere considerata evasione dai domiciliari anche andare a buttare la spazzatura. Chi sconta la pena a casa non può avere contatti con l'esterno, non può andare a cena con ospiti, non può parlare con i giornalisti, non può intrattenersi al telefono con chicchessia. Ogni uscita dev'essere espressamente autorizzata dal magistrato, e per motivi importanti e ben definiti.

La partecipazione a un funerale, per esempio. Qui valgono le stesse regole applicate ai detenuti. Sempre la Cassazione ha stabilito nel 2022, giudicando il ricorso di un detenuto al quale era stato negato il permesso di andare al funerale della nonna, che devono ricorrere tre requisiti fondamentali. Il primo è l'eccezionalità della concessione. Il secondo è la gravità del fatto. Il terzo è la stretta correlazione del medesimo fatto con la vita familiare. Ora, che la morte di Silvio Berlusconi sia un evento grave, ancorché naturale, è incontestabile. Ma quale sia la correlazione con la vita familiare di Denis Verdini, il quasi suocero del leader della Lega e ministro delle Infrastrutture Matteo Salvini, non sembra molto chiaro. Eppure il 14 giugno 2023 l'ex senatore viene avvistato ai funerali del Cavaliere. Poteva mancare proprio lui? Forse se lo sarà chiesto chi gli ha consentito la partecipazione alle esequie ma anche di trascorrere un pomeriggio con molti suoi ex colleghi e conoscenti.

Quanto al primo dei tre requisiti, l'eccezionalità della concessione, proprio non si può dire. Denis Verdini ha sulle spalle due condanne definitive per bancarotta che ammontano complessivamente a 12 anni. Il 3 novembre 2020, quando diventa definitiva la sentenza per il crac del Credito cooperativo fiorentino di Campi Bisenzio, si presenta al carcere di Rebibbia. Ma rimane dietro le sbarre per appena 87 giorni. Poi, al compleanno dei 70 anni, ottiene senza indugio il beneficio dei domiciliari. Grazie anche all'epidemia di Covid-19.

Sconterà la pena a casa sua, una villa a Pian dei Giullari sulle colline fiorentine. Non senza qualche concessione, questa sì, eccezionale. «All'inizio» racconta Filippo Fiorini sulla «Stampa», «Verdini poteva uscire dalle 10 a mezzogiorno. Poi, la deadline fu posticipata alle 14.» I domiciliari sono una bella rogna. Ma la vita continua. Anche quella fatta di relazioni. E sotto il naso della magistratura.

Per Verdini, condannato in via definitiva a 12 anni di carcere, i domiciliari sono un impedimento fino a un certo punto. Spesso è a Roma, per cure mediche. Dal dentista bisogna andarci e lui ci va, naturalmente con l'autorizzazione. E se il dentista sta a Roma, si deve andare a Roma. Il permesso non è mai in discussione. Peccato che quei viaggi, secondo quanto scrive a settembre 2023 «il Fatto Quotidiano», nonostante siano autorizzati dalla magistratura facciano drizzare le orecchie alla procura di Roma. Qualcuno ipotizza che Verdini ne approfitti per vedere persone importanti della politica e degli affari. Tipo l'amministratore delegato dell'Anas o il sottosegretario all'Economia leghista Federico Freni, davanti a un piatto di spaghetti alla carbonara o di bucatini all'amatriciana. Luogo preferito degli incontri: il ristorante PaStation a Roma in via Barberini al numero 13, di suo figlio Tommaso Verdini, classe 1990. Lo stesso che finisce ai domiciliari per un presunto giro di tangenti Anas, indagato insieme al papà.

Come finirà, mentre questo libro va in stampa, non è dato sapere. La giustizia italiana vuole che tutti siano innocenti fino alla condanna definitiva. E ci mancherebbe altro.

Nel frattempo il tribunale di sorveglianza revoca il beneficio dei domiciliari a Verdini senior. Ma pure i sassi sanno che se ne va a cena con gli amici a Roma dopo il trapano del dentista. «Credevo di poterlo fare» replica impudicamente. E mentre i giudici gli preparano il ritorno dietro le sbarre ci pensa il quasi-genero e quasi-cognato Salvini a emettere una sentenza. «Credo sia un ragazzo veramente onesto» dice di Tommaso Verdini. Tenendo a precisare che «prima di fidanzarmi con una ragazza straordinaria come Francesca il suo babbo non mi era simpatico [...] Avendolo conosciuto, l'ho trovato una persona perbene, colta, affettuosa». Così perbene che il ministro delle Infrastrutture non ha fatto passare neppure un giorno dal rientro in carcere per fargli una visita. Autorizzata con la massima sollecitudine dalla direttrice del penitenziario di Sollicciano, Antonella Tuoni. Che, anche se avesse voluto, non avrebbe potuto impedirla: parlamentari e ministri possono incontrare i detenuti quando meglio credono. A differenza, com'è ovvio, dei familiari dei reclusi comuni. Perché anche fra i galeotti c'è la serie A e la serie B.

C'eravamo illusi che con la repubblica gli italiani non sarebbero stati più sudditi, ma cittadini. E come la legge dev'essere uguale per tutti, anche chi *pro tempore* detiene il potere o ha un posto in Parlamento per decisione degli elettori dovrebbe avere, oltre ai medesimi diritti, anche gli stessi doveri di coloro che l'hanno eletto.

Non è così. Oggi c'è perfino qualcuno che teorizza il privilegio come diritto dei parlamentari. «Dal Medioevo in poi hanno dei privilegi. Il parlamentare non è uguale agli altri perché rappresenta la nazione»: sono parole di un filosofo, pronunciate a un convegno pubblico mercoledì 13 dicembre 2017, per contestare la proposta di ridimensionare i vitalizi avanzata dal presidente dell'Inps Tito Boeri. Il filosofo è Biagio De Giovanni, che si può dire conosca bene la materia. Per dieci anni, dal 1989 al 1999, ha occupato un seggio del Parlamento europeo. Eletto prima con il

Partito comunista, poi con il Partito democratico della sinistra. Quello che non ti aspetteresti, dal pulpito di una forza politica che predica l'uguaglianza.

Purtroppo «Li soprani del monno vecchio», i sovrani del mondo antico, come li chiamava il poeta romanesco Giuseppe Gioachino Belli nel sonetto reso celebre dal film di Mario Monicelli *Il marchese del Grillo*, hanno avuto anche nel mondo nuovo molti seguaci. Talvolta insospettabili. E adesso si sono moltiplicati. Convinti di essere come quel

Re che dar Palazzo
mannò fora a li popoli st'editto:
Io so io, e vvoi nun zete un cazzo.

2

Nulla è più anarchico del potere. Il potere fa praticamente ciò che vuole

Pier Paolo Pasolini, 1975

Gli amici si vedono nel bisogno

Il 17 luglio 2023, mentre infuria la bufera su Daniela Garnero già in Santanchè scatenata da un'inchiesta di «Report» sugli affari privati della ministra del Turismo, Paola Ferrari compra per 200.000 euro il 25 per cento della sua Visibilia Concessionaria. Una manna dal cielo, per come si sono messe le cose. Paola Ferrari, giornalista sportiva della Rai e nuora dell'ex editore del gruppo Repubblica-L'Espresso Carlo De Benedetti, non si tira indietro. La ruggine è svanita e il loro vecchio sodalizio è nuovamente di ferro, nel ricordo delle avventure vissute insieme.

Nel 2008 Paola Ferrari tenta la via del Parlamento. Si presenta alle elezioni con la Destra: candidata premier del partito di Francesco Storace è Daniela Garnero Santanchè. Che lancia a Berlusconi un guanto di sfida intriso di accuse velenose. «Per andare in Parlamento le donne lo possono fare solo con me. Vorrei fare un appello a tutte le donne italiane: non date il voto a Silvio Berlusconi perché lui ci vede solo orizzontali, non ci vede mai verticali. Non ha rispetto per le donne, lo dimostra la sua vita giorno dopo giorno. Il voto a Berlusconi è il più inutile che le donne possano dare» dice in una intervista a Canale Italia. Confidando poi a «Libero»: «Berlusconi è ossessionato da me, ma tanto non gliela do».

Alle urne Berlusconi fa il pieno. La Destra racimola invece 884.961 voti e Daniela Santanchè non entra in Parlamento. Meno che mai la sua amica Paola Ferrari, terza in lista dopo la candidata premier, e Teodoro Buontempo nella circoscrizione Lazio 1, dove il partito di Storace prende 85.213 consensi. Ma niente paura. Pochi mesi per digerire la sconfitta e preparare il rientro alla corte del Cavaliere, quello che «vede le donne solo orizzontali». All'inizio di marzo 2010, mentre già la vicenda delle escort nelle residenze private del presidente del Consiglio ha assunto i contorni dello scandalo, Daniela Santanchè rispunta come sottosegretaria del governo Berlusconi. E nel 2013 è candidata alla Camera con Forza Italia. Capolista in Lombardia. Sempre senza rompere con l'amica del cuore.

Tanto che un anno dopo Paola Ferrari entra in società con Daniela Santanchè in Visibilia Editore. Ma passa poco tempo e volano gli stracci. La giornalista della Rai si dimette dalla presidenza di Visibilia e presenta una denuncia per infedeltà patrimoniale in relazione alle acquisizioni dei periodici «Novella 2000» e «Visto». Denuncia che però finisce archiviata. L'amicizia sembra a quel punto irrimediabilmente in crisi.

Ma per dirla con John Ronald Reuel Tolkien, la figura più importante nel pantheon della Fiamma, «le radici profonde non gelano». E gli screzi di allora sono acqua passata.

Non che i problemi dell'imprenditrice Garnero Santanchè siano finiti. Mentre questo libro va in stampa le cause riguardanti le sue attività imprenditoriali non sono ancora concluse. E se è sempre doveroso ricordare che la presunzione d'innocenza vale fino al terzo grado di giudizio, è altrettanto necessario rammentare che per i politici, e ancor più per chi governa, ci sono questioni di opportunità che sovrastano le effettive responsabilità il cui accertamento compete ai magistrati. E talvolta non riguardano neppure comportamenti di rilevanza penale. Ma a quanto pare sono ormai passate completamente di moda, neanche fossero polverose abitudini dei bei tempi andati.

Quando i ministri indagati si dimettevano

La presunzione d'innocenza vale per Daniela Garnero Santanchè come per il famoso critico d'arte Vittorio Sgarbi, indagato per la vicenda del presunto furto del quadro del pittore secentesco Rutilio Manetti *La cattura di san Pietro*. Il sottosegretario alla Cultura dopo settimane di martellamento manda una lettera alla premier annunciando le proprie dimissioni, senza dimenticare un velenoso apprezzamento verso il suo ministro: «È un uomo senza dignità». La vicenda dell'inchiesta sul quadro, in realtà, non c'entra nulla. L'Antitrust, cui compete la verifica delle incompatibilità, accerta che il sottosegretario ha svolto durante l'incarico governativo attività professionali con introiti rilevanti: e la legge sul conflitto d'interessi vigente dal 2004 lo vieta. Articolo 2, lettera d: «Il titolare di cariche di governo, nello svolgimento del proprio incarico, non può [...] esercitare attività professionali o di lavoro autonomo in materie connesse con la carica di governo, di qualunque natura, anche se gratuite, a favore di soggetti pubblici o privati; in ragione di tali attività il titolare di cariche di governo può percepire unicamente i proventi per le prestazioni svolte prima dell'assunzione della carica».

Sembra davvero trascorsa un'eternità da quando ministri e politici andavano a casa al solo comparire dell'avviso di garanzia.

Qualche assaggio?

Mercoledì 10 febbraio 1993 i giornali pubblicano la notizia (vera) che i giudici di Milano stanno indagando sul conto Protezione e hanno in canna un avviso di garanzia per Claudio Martelli. Lui verifica e poi detta alle agenzie di stampa: «Con assoluta serenità, appena preavvertito dal procuratore della Repubblica di Milano dell'imminente inoltro di un avviso di garanzia, ho rassegnato le mie dimissioni da ministro della Giustizia nelle mani del presidente del Consiglio».

Venerdì 19 febbraio 1993 Francesco De Lorenzo e Giovanni Goria, ministri rispettivamente della Sanità e delle Finanze, si dimettono improvvisamente dopo aver ricevuto l'avviso di garanzia per le inchieste sulla presunta corruzione che li riguardano. Goria sarà in seguito completamente prosciolto.

Martedì 30 marzo 1993 il ministro delle Finanze Franco Reviglio, succeduto proprio a Giovanni Goria, è raggiunto da un avviso di garanzia per l'inchiesta sulle tangenti dell'Eni, vicenda dalla quale l'ex presidente della compagnia petrolifera di Stato risulterà completamente estraneo. Esprime il proprio sconcerto in una lettera al presidente del Consiglio Giuliano Amato, nella quale annuncia contestualmente le proprie dimissioni.

Questi comportamenti in realtà non sono andati completamente in disuso. Dall'epoca di Tangentopoli qualche sporadico episodio si verifica comunque. Ma quando capita non è per pura iniziativa personale. Nel 2013 la campionessa olimpica Josefa Idem, ministra del governo di Enrico Letta, si dimette quando saltano fuori alcune irregolarità fiscali a suo carico. Lo fa prima che vengano discusse le mozioni di sfiducia individuali già preparate dal Movimento 5 Stelle e dalla Lega.

Da allora la pratica delle dimissioni per opportunità politica è stata via via completamente accantonata. Per cinque lunghi anni fra il 2013 e il 2018 il senatore Roberto Formigoni, sotto inchiesta per corruzione e condannato in primo grado nel 2016 a 6 anni di carcere, non si dimette dal Parlamento e neppure dalla presidenza della commissione Agricoltura di palazzo Madama. Mentre il deputato Giancarlo Galan, ex ministro dei Beni culturali, inquisito anch'egli per corruzione, lascia la Camera soltanto dopo aver patteggiato una condanna a 2 anni e 12 mesi.

Si arriva così al 2023. Quando viene oltrepassato definitivamente il confine della decenza, con la caduta dell'ultimo tabù: quello del terzo grado di giudizio. La sentenza della Cassazione che conferma la condanna per peculato a 1 anno e 6 mesi inflitta dalla Corte d'appello alla ex consigliera regionale del Piemonte di Fratelli d'Italia Augusta Montaruli prima delle politiche arriva quando lei, eletta alla Camera, è sottosegretaria all'Università e alla Ricerca. I giudici le contestano l'uso improprio per spese personali di 25.000 euro del partito. Le dimissioni dall'incarico di governo sono inevitabili. Ma non quelle dal Parlamento. Con incredibile lungimiranza la cosiddetta legge anticorruzione del 2012, che porta il nome della ministra della Giustizia Paola Severino, stabilisce che condanne inferiori ai 2 anni non producono effetti sui parlamentari. La conseguenza è che una persona condannata in via definitiva per peculato può rimanere in Parlamento, magari pure con un ruolo istituzionale di tutto rispetto. E il bello, come raccontiamo più avanti, è che non è nemmeno l'unica. I parlamentari di Fratelli d'Italia con una condanna penale sulle spalle che, ciò nonostante, rimangono al loro posto sono tre: due in Italia e uno in Europa.

Augusta Montaruli è stata risarcita dal suo partito per il disturbo con un posto nella commissione di Vigilanza sulla Rai. Di cui, poco dopo, è stata nominata vicepresidente. Incarico dal quale dispensa al volgo pillole di saggezza attraverso i talk show dove viene regolarmente invitata senza che mai si rammenti ai telespettatori il suo status di pregiudicata.

Il conflitto si risolve in famiglia

Le conseguenze sono tremende. Se nel tempio della democrazia, quale dovrebbe essere il Parlamento, può come nulla fosse occupare un seggio una persona condannata in via definitiva per peculato, e pure con un compito di responsabilità istituzionale, è facile immaginare il messaggio che la politica dà al Paese. Tana libera tutti. Per non parlare degli altri effetti collaterali, che l'allentamento dei freni inibitori ingigantisce in modo impressionante. A cominciare dal conflitto d'interessi.

Va subito precisato che in Italia non esiste una legge che impedisce a una persona che svolge una certa attività di ricoprire un incarico pubblico riguardante quella stessa attività. E meno male. Altrimenti, per esempio, non ci potrebbero essere così tanti avvocati in Parlamento. Ma esiste anche qui lo stesso principio non scritto dell'opportunità politica. Come i magistrati non devono soltanto essere imparziali, ma anche apparire tali, chi riveste un incarico pubblico deve non solo curare l'interesse collettivo, ma al tempo stesso non dare mai l'impressione di fare il proprio mentre svolge quell'incarico. Nel mondo anglosassone la regola è tassativa. In Italia invece è stata reinterpretata in modo più creativo: «Se facendo l'interesse di tutti faccio anche il mio, che male c'è?». Il copyright è di Silvio Berlusconi e da allora molte altre barriere, oltre a quelle già franate prima, sono cadute. L'idea che i più adatti a governare certi ambiti siano quelli che hanno degli interessi diretti è sdoganata in modo definitivo. Banale, no? Mai questo concetto è stato applicato a tappeto in un governo della Repubblica italiana prima dell'avvento di Giorgia Meloni: che nella sua scalata alla vetta del potere ha partecipato all'ultimo esecutivo di Berlusconi insieme ad altri ministri, viceministri e sottosegretari del proprio governo.

Come appunto la sua amica Garnero Santanchè. Proprietaria con Flavio Briatore di una quota significativa del Twiga di Forte dei Marmi, è ministra del Turismo nel governo Meloni con competenze, fra l'altro, sugli stabilimenti balneari. Lotta come una leonessa per evitare l'applicazione in Italia della direttiva europea del 2006 di Frits Bolkestein, che impone gare pubbliche per le concessioni demaniali. E come risolve il possibile conflitto fra la partecipazione nel Twiga e la carica istituzionale? Il 18 novembre 2022 trasferisce la sua quota al compagno Dimitri Kunz d'Asburgo-Lorena. Come fanno tutti quelli che si trovano in situazioni simili.

Adolfo Urso passa l'11 ottobre 2022 la partecipazione del 31 per cento nella società di consulenza per affari internazionali Italy World Services al figlio Pietro Urso, che già deteneva il 49 per cento. In quella società ha avuto una quota del 15 per cento anche Ferruccio Ferranti, nominato dal governo Meloni presidente della banca pubblica Mediocredito centrale. Nel quarto e ultimo governo Berlusconi, Urso è viceministro dello Sviluppo economico con delega al commercio estero. In quello di Giorgia Meloni sale un gradino e occupa la poltrona di ministro del Made in Italy.

Gilberto Pichetto Fratin non ha mai avuto un posto nei governi Berlusconi. All'epoca è solo un senatore del suo partito. Si rifarà in epoca recente in quanto viceministro del governo di Mario Draghi, sostenuto anche da Forza Italia. Con Giorgia Meloni merita la promozione a ministro. Incaricato di presidiare l'Ambiente. Lui è uno che ha molte attività, e fra le varie c'è anche il fotovoltaico. Ha il 25 per cento di una società, la Solnos, che si dovrebbe occupare proprio di quello. La società non è operativa, tuttavia a scanso di equivoci l'11 gennaio 2023 regala le proprie azioni alla moglie Renza Varalda. Ma solo quelle, come raccontano su «la Repubblica» il 29 gennaio 2024 Giuseppe Colombo e Antonio Fraschilla: «L'esponente forzista mantiene la quota nel suo studio commercialista omonimo, Pichetto e associati srl, e poi ha il 20% della società di revisione contabile Reva: qui, tra gli altri quattro soci, ci sono il figlio Marco (compare anche nello studio di famiglia) e Vittorio Moretti. Dagli incarichi che oggi hanno i soci del ministro in aziende e società si scopre che siedono in diversi collegi di revisori di imprese private e parapubbliche».

Nella tenaglia coniugale

Neppure Marina Elvira Calderone ha mai governato con Berlusconi. Ma siccome a quanto pare è annoverata anche lei fra le amiche della premier, tanto basta per fare la ministra del Lavoro. C'è solo qualche piccolo particolare da risolvere. Di mestiere, la dottoressa Calderone fa la consulente del lavoro. Se idealmente dividessimo il mondo secondo i crismi usati un tempo dalla sinistra, fra lavoratori e padroni, lei starebbe dalla parte dei padroni. I consulenti del lavoro infatti sono figure che supportano le aziende, la parte datoriale. E siccome la ruota gira, in democrazia, quanti ministri del Lavoro vicini ai sindacati ci sono stati in Italia? La circostanza che ora la bilancia penda dalla parte opposta sembra quindi assolutamente normale. Sembra.

Inoltre lei non è una professionista qualsiasi. È la stella polare dei consulenti del lavoro. Da diciassette anni è presidente del loro Consiglio nazionale e ogni volta viene riconfermata con maggioranze bulgare. Anche il marito, di mestiere, fa il consulente del lavoro. Un'attività che i coniugi esercitano insieme, perché insieme Marina Elvira Calderone e Rosario De Luca (questo il nome del consorte) hanno una società al 50 per cento ciascuno. Oggetto, la consulenza per le aziende. Si chiama Calderone & De Luca srl.

Nemmeno De Luca è un professionista qualsiasi. È consigliere di amministrazione dell'Istituto nazionale della previdenza sociale. Il governo di

Giuseppe Conte gli ha assegnato quella poltrona come risarcimento familiare quando è sfumata la nomina della moglie alla presidenza dell'Inps, dove l'avrebbe voluta destinare il centrodestra, a vantaggio di Pasquale Tridico imposto dal Movimento 5 Stelle. Ma, dopo che la consorte ha giurato da ministra, deve dimettersi. In un Paese normale non si può restare consigliere di un ente controllato dal ministero guidato dalla moglie. Non è molto difficile da capire. Ma questo dev'essere un Paese normale fino a un certo punto, perché quando De Luca si dimette rilascia alle agenzie una dichiarazione sorprendente: «Non me ne vado per incompatibilità; lo faccio per lasciare spazio ad altri».

Non è dato sapere se la moglie sia sulla stessa lunghezza d'onda. Fatto sta che anche la ministra Marina Elvira Calderone deve dimettersi dalla presidenza dei consulenti del lavoro. E chi va al suo posto? Ma il marito Rosario De Luca, che domande. Del resto quando la moglie è stata riconfermata l'ultima volta, nel 2020, con i consensi che avevano superato un imbarazzante 97 per cento, lui è arrivato secondo.

Il passaggio dello scettro della potente lobby da moglie a marito produce un curioso cortocircuito. Si fanno le trattative con le parti sociali sul lavoro autonomo? Marito e moglie sono allo stesso tavolo: Marina a rappresentare il governo, Rosario a rappresentare, in teoria, una delle controparti.

Ma sono sempre d'accordo. Entrambi contrari al salario minimo per i dipendenti, entrambi favorevoli all'equo compenso per i professionisti. «È il nostro salario minimo!» rivendica il marito. «Una norma di civiltà!» fa eco la moglie. C'è da celebrare il 125° anno dell'Inps? Al pranzo ristretto che segue la cerimonia, sono invitati la ministra del Lavoro Calderone e il suo collega dell'Economia Giancarlo Giorgetti, il presidente di 3-I Gennaro Terracciano, il presidente della Pontificia Accademia per la Vita monsignor Vincenzo Paglia e il commissario all'Expo 2025 di Osaka Mario Vattani (!!!), più famoso per le sue esibizioni canore fascio-rock, anche con CasaPound, che per l'attività diplomatica. E poteva forse mancare in questa allegra comitiva il presidente dei consulenti del lavoro Rosario De Luca, consorte della ministra? La prima vera cerimonia officiata dal nuovo vertice dell'Inps, nominato da quest'ultima dopo aver fatto sloggiare Tridico che nel 2019 le aveva soffiato il posto, sarebbe stata monca. Già. Ma chi è stata piazzata sulla poltrona più importante dell'Istituto di previdenza? Si chiama Micaela Gelera, classe 1972, attuaria dello studio Orion. Ma soprattutto consulente della Cassa di previdenza dei consulenti del lavoro.

Sistemate le reciproche pendenze, dopo la nomina di Marina Elvira Calderone al ministero resta solo una questione da risolvere. Ossia il destino della società Calderone & De Luca srl. Facilissimo: si fa come gli altri. A novembre 2022 la quota della moglie passa al marito. Mormorano che il vero ministro sia lui. Altroché.

Arrivederci alle armi

Guido Crosetto doveva aspettarselo. Un minuto dopo l'incarico di ministro della Difesa scrive un tweet intriso di stizza: «Per tutti quelli che (non per amore) me lo stanno chiedendo, rispondo: mi sono già dimesso da amministratore di ogni società privata (non ne ricopro di pubbliche) che (legittimamente) occupavo. Liquiderò ogni mia società (tutte legittime)». Applausi.

Per prima il ministro liquida una società che si occupa, dice lo statuto, di «servizi di lobbying, di consulenza strategica e per lo sviluppo di progetti nazionali e internazionali». CSC & Partners è il nome. Dove CSC sono chiaramente le iniziali dei cognomi degli azionisti: Crosetto Guido (50 per cento), Saponaro Gaia (sua moglie, 25 per cento) e Crosetto Alessandro (il figlio, 25 per cento). Chiusa il 7 dicembre 2022.

C'è solo un piccolo errore nel suo post su Twitter, che allora si chiama ancora così. Nel momento in cui viene indicato per l'incarico di ministro della Difesa, Crosetto una carica pubblica effettivamente ce l'ha. È presidente di Orizzonte sistemi navali, una società paritetica fra Fincantieri, gruppo statale produttore fra l'altro di navi militari, e Leonardo Finmeccanica, la holding dell'industria militare controllata dal Tesoro. Si dimette il 21 ottobre, giorno prima del giuramento al Quirinale come ministro della Difesa. Un atto dovuto. La legge sulle incompatibilità parlamentari del 1953 non consente neppure agli onorevoli di avere cariche in enti e società pubbliche, figuriamoci un ministro. A memoria d'italiano, da quando esiste la Repubblica, si ricorda solo un caso di un politico al vertice di un'azienda pubblica mentre è al governo: quello del tesoriere della Lega Francesco Belsito. Al tempo stesso sottosegretario nell'ultimo governo Berlusconi e vicepresidente della Fincantieri.

Crosetto è già stato alla Difesa nell'ultimo governo Berlusconi, come sottosegretario del ministro Ignazio La Russa. Che ha poi fondato con lui e Meloni il partito di Fratelli d'Italia. In quel ministero ne ha viste davvero di tutti i colori. Compreso l'acquisto di 19 Maserati 4000 Quattroporte blindate destinate ai vertici militari. Il caso, sollevato da un articolo di Gian Antonio Stella sul «Corriere», fa rumore. Il segretario generale del ministero Claudio Debertolis si giustifica sostenendo che sono le auto più convenienti. Ciascuna costa di listino, all'epoca, 117.000 euro: ovviamente senza contare la blindatura. La Russa dichiara che quelle vetture, acquistate con un contratto del 2009-2010, non saranno utilizzate da lui né dai sottosegretari, ma «costano meno e sono italiane». E comunque «le auto blindate quando finiranno il ciclo di vita non saranno sostituite perché non ce n'è bisogno». I contribuenti possono tirare un sospiro di sollievo.

Sui legami di Crosetto con il mondo delle industrie militari non esiste alcun mistero. I suoi rapporti con Leonardo Finmeccanica sono noti. Com'è noto il fatto che sia stato presidente dell'Aiad, l'associazione delle Aziende italiane per l'aerospazio, la difesa e la sicurezza aderente a Confindustria. Abbandona quella posizione contestualmente all'investitura ministeriale. E a chi passa il testimone? A un altro esponente di Fratelli d'Italia: l'ex deputato Giuseppe Cossiga, figlio dell'ex presidente della Repubblica Francesco Cossiga, direttore delle relazioni istituzionali di Mbda Italia, società specializzata nella produzione di missili partecipata da Leonardo. Lui e Crosetto sono stati compagni di banco al ministero della Difesa, entrambi sottosegretari di La Russa.

E basta una semplice visura camerale per verificare che il segretario generale dell'Aiad Carlo Alfredo Festucci è consigliere di amministrazione della Entheos Worldwide insieme ad Alessandro Crosetto, il figlio di Guido. È una società del settore sanitario nata nel 2020 come centro benessere, nella quale Crosetto junior aveva rilevato una quota. Che poi ha ceduto il 14 febbraio 2023 a Roby Dagan, esperto di sicurezza nato in Libia e in passato ufficiale carrista dell'esercito israeliano. Azionisti di questa società sono anche Giorgia Festucci, la figlia di Carlo, e l'ex parlamentare di Forza Italia, ex commissario dell'Agcom ed ex presidente di Invitalia Giancarlo Innocenzi Botti.

Giocare sempre in Difesa

Se c'è un mondo nel quale raggiunge la massima espressione il concetto di Pier Paolo Pasolini, secondo cui «il potere fa ciò che vuole», è quello dei militari.

Nel 2008 Ignazio La Russa entra nell'ultimo governo di Silvio Berlusconi con i gradi di ministro della Difesa. Una novità assoluta. È il primo ministro di provenienza postfascista a cimentarsi con armi e divise. Durante tutti i tre precedenti governi di cui ha fatto parte il fu Msi, il ministro della Difesa è sempre stato di Forza Italia. Gli unici ex missini che prima di La Russa hanno frequentato i piani alti del palazzone di via XX Settembre, a due passi dal Quirinale, sono Guido Lo Porto e Filippo Berselli. Ma non oltre il livello di sottosegretario.

L'ultimo governo Berlusconi, invece, consegna completamente il ministero della Difesa agli eredi del Msi. Più precisamente, ai futuri Fratelli d'Italia. Il ministro La Russa arriva scortato da due sottosegretari. Il primo è Guido Crosetto, che quattro anni più tardi fonderà con lui e Giorgia Meloni il partito. Il secondo è Giuseppe Cossiga, in quel momento deputato di Forza Italia: nel dicembre 2012 sarà fra i primi ex forzisti a passare sotto le insegne di Fratelli d'Italia. I due, come si è visto, si alterneranno poi al vertice della lobby delle industrie militari.

Ma c'è una terza persona che segue La Russa al ministero. Si chiama Filippo Milone e sembra l'anello di congiunzione fra i due mondi: quello politico e quello degli affari. Consigliere del ministro della Difesa, non è affatto uno sconosciuto nella galassia dell'ingegner Salvatore Ligresti da Paternò. Un nome assai più che consueto per tre generazioni della famiglia La Russa.

Il padre di Ignazio, Antonino, ex federale di Paternò

e successivamente senatore missino, è stato per anni il suo insostituibile alleato in operazioni finanziarie che hanno scosso la borsa, cominciando dalla conquista della compagnia assicurativa Sai dello spregiudicato Raffaele Ursini. Fino alla morte, avvenuta nel 2004, è uno degli intoccabili nel consiglio di amministrazione di Premafin, la holding di Ligresti. E quando passa a miglior vita quel posto spetta a suo nipote Geronimo La Russa, il figlio di Ignazio.

Mentre il fratello maggiore di Ignazio, Vincenzo La Russa, ex deputato della Dc, è a sua volta consigliere di amministrazione di FonSai, la compagnia nata dalla fusione fra la Sai e la Fondiaria. E lo è per ben quattordici anni, finché la FonSai appartiene a Ligresti. Ignazio, invece, non ha incarichi, da parlamentare non sarebbe permesso. Ma lavora come avvocato per l'ingegnere di Paternò. Con parcelle mica da ridere. Da una verifica dell'Isvap salta fuori che Ignazio La Russa ha incassato onorari professionali per 451.000 euro da FonSai e Milano Assicurazioni per prestazioni rese al gruppo Ligresti prima di essere nominato ministro.

Pure Milone fa parte del giro. È presidente di Quintogest, impresa controllata da Fondiaria Sai. Nonché consigliere della Sviluppo Centro Est, società fra il gruppo Ligresti e i costruttori Toti e Santarelli. Nel crepuscolo della Prima Repubblica gestisce la Grassetto, impresa di costruzioni di Ligresti poi finita nel vortice delle inchieste di Tangentopoli. E lui s'immola. A partire dal tintinnio delle manette fino ai processi per corruzione subisce tutte le traversie di quella stagione. Sperimentando ogni brivido che la ruota della giustizia sa offrire, dalla sospirata prescrizione allo zuccherino della riabilitazione.

Milone, però, non è soltanto questo. Con La Russa condivide anche la fede politica. Prima e dopo la nascita del suo partito. Il che può avere qualche interessante ricaduta in ambito pubblico: per esempio, una poltrona nel consiglio di amministrazione delle Poste, che somma agli incarichi privati. Poi arrivano quelli di partito. Nel 2024 è presidente del «Secolo d'Italia», consigliere di Italimmobili (l'immobiliare del partito) e della Fondazione Alleanza nazionale (la cassaforte del partito). Nonché componente della commissione di disciplina e garanzia di Fratelli d'Italia. Uomo dell'apparato meloniano a 360 gradi.

Quando cade l'ultimo governo di Silvio Berlusconi, e al suo posto arriva a palazzo Chigi Mario Monti, Milone è l'unico, insieme a Vittorio Grilli, a non andare a casa. Viene anzi promosso da consigliere dell'ex ministro a sottosegretario. La Russa riesce incredibilmente a ottenere che resti alla Difesa. Anche a dispetto dell'opportunità, come appare chiaro dalle cronache. Il giorno seguente al giuramento dei sottosegretari Fiorenza Sarzanini racconta sul «Corriere della Sera» che «durante l'interrogatorio di fronte al pm Paolo Ielo a Borgogni è stato chiesto di chiarire a che titolo avrebbe versato soldi a Filippo Milone, ex capo della segreteria di La Russa». Borgogni è Lorenzo Borgogni, manager di Finmeccanica, la principale industria della Difesa, all'epoca sotto inchiesta insieme all'amministratore delegato Pier Francesco Guarguaglini. Una settimana prima della designazione di Milone a sottosegretario è stata già pubblicata un'intercettazione telefonica fra i manager di Finmeccanica Lorenzo Borgogni e Marco Forlani, costui incidentalmente figlio dell'ex segretario Dc Arnaldo Forlani.

Marco: «Senti, mi ha chiamato Filippo eh, che dice su, su quel discorso che facciamo ogni anno della loro offerta di partito a Milano eccetera...».

Borgogni: «Di partito? Del ministero!».

Marco: «... Credo sia una cosa del Pdl, no? Dice che te ne ha parlato a te pure».

Ma illazioni e intercettazioni a parte, che comunque non avranno conseguenze, una ragione concreta perché Milone rimanga al ministero c'è, eccome. L'ultimo atto della gestione La Russa è la costituzione di una società per azioni, Difesa Servizi spa. E bisogna sorvegliare che non venga soffocata nella culla. La garanzia migliore, per la verità, sarebbe già il successore stesso di La Russa al ministero. Monti ha nominato infatti ministro della Difesa l'ex capo di Stato maggiore, ammiraglio Giampaolo Di Paola, che con il suo predecessore ha un rapporto limpido e amichevole. Tre settimane dopo aver preso in mano le redini della Difesa, La Russa propone Di Paola per l'incarico triennale di presidente del comitato militare della Nato, che in quel momento tocca all'Italia.

Ma con Milone è diverso. Quel nome è sinonimo di fiducia assoluta, anche sul piano personale.

Difesa Servizi spa è farina del sacco del sottosegretario Crosetto, che la realizza con l'aiuto del suo consigliere Luca Andreoli, ufficiale dei carabinieri. Al di là dei numeri (67 milioni di fatturato e 6 di utile netto nel 2022), è una società strategica per la gestione del potere nel settore della difesa. Oltre alla valorizzazione economica delle caserme, si occupa della formazione del personale specializzato per l'uso degli armamenti e della sperimentazione militare. Per non parlare delle sponsorizzazioni e della pubblicità.

A differenza della stragrande maggioranza delle aziende pubbliche, questa non è posseduta dal Tesoro. Azionista al cento per cento è il ministero della Difesa. Dunque il ministro può fare le nomine senza che nessuno ci metta bocca. Così Crosetto, tornato al ministero da ministro, riprende la pratica da dove l'aveva lasciata. E colloca sulla poltrona di amministratore delegato di Difesa Servizi spa Luca Andreoli al posto di Pier Fausto Recchia, ex deputato e membro della direzione del Partito democratico non rieletto. Recchia è stato nominato dalla ministra dem della Difesa dei governi di Matteo Renzi e Paolo Gentiloni, Roberta Pinotti, di cui è capo della segreteria tecnica.

E qui, per quanto possa sembrare assurdo, si mischia tutto. Prima di salire al grado di ministra, Roberta Pinotti è sottosegretaria alla Difesa. Nel governo di Enrico Letta il ministro è Mario Mauro e lei prende il posto di Milone. L'altro sottosegretario è il deputato forzista Gioacchino Alfano, che quando si mette male perché Silvio Berlusconi decide di rompere con il governo di larghe intese si trasferisce armi e bagagli al Nuovo centrodestra di Angelino Alfano. Non parente: solo omonimo. La cosa gli frutta comunque un quinquennio pieno da sottosegretario.

Nel frattempo che ne è stato della creatura di Guido Crosetto? È sempre lì, viva e vegeta. E Luca Andreoli, il suo braccio destro, nessuno lo tocca. Tutt'altro. Ufficiale dei carabinieri, dovrebbe tornare all'Arma. Resta invece al ministero, prima come consigliere della sottosegretaria Roberta Pinotti, quindi come consigliere della ministra Roberta Pinotti. Nel frattempo la medesima ministra gli offre uno scranno nel consiglio di amministrazione di Difesa Servizi. E il ministro dell'Economia Pier Carlo Padoan, anch'egli del Pd, uno in quello di Invimit, la società del Tesoro per valorizzare gli immobili pubblici.

Nel 2018 i grillini prendono il potere insieme alla Lega di Matteo Salvini. Roberta Pinotti, allora, deve sloggiare, e con lei anche i sottosegretari Gioacchino Alfano e Domenico Rossi. Ma la nuova ministra a Cinque Stelle Elisabetta Trenta, anziché applicare il principio generale della scatoletta di tonno caro a Beppe Grillo che avrebbe voluto aprire il Parlamento come si fa con le lattine di pesce sott'olio, promuove ancora Luca Andreoli nominandolo direttore generale. In attesa che grazie al ritorno di Guido Crosetto assuma pure la carica di amministratore delegato. E con l'occasione i partiti fanno piazza pulita dell'intero consiglio. Pappandosi tutto.

Via la presidente Giovanna Romeo, dirigente del ministero. La rileva Gioacchino Alfano: l'ex sottosegretario alla Difesa con i governi Letta, Renzi e Gentiloni trombato alle elezioni del 2018. Via il manager Stefano Filucchi, via l'altra dirigente della Difesa Antonietta Fava e via l'esperto di finanza Alberto Liotta. Per far spazio all'ex senatrice di Forza Italia traslocata alla Lega Anna Carmela Minuto, che perde il seggio di palazzo Madama a causa del riconteggio dei voti e ripiega sul consiglio comunale di Molfetta consolandosi con uno strapuntino da assessora della città pugliese. Quindi all'ex deputato del Ccd e poi mastelliano Mauro Fabris, in passato tre volte sottosegretario. E infine a Francesca Gerosa, vicepresidente della Provincia di Trento, di Fratelli d'Italia.

Bisogna celebrare il ribaltone: e che cosa c'è di meglio del calendario 2024 dell'Esercito prodotto da Giunti su licenza di Difesa Servizi e il contributo di Leonardo, Iveco veicoli militari e Beretta? «Per l'Italia sempre» recita il titolo, con la precisazione che «sempre» significa «... prima e dopo l'8 settembre 1943». È la sottosegretaria Isabella Rauti, figlia del fondatore di Ordine nuovo Pino Rauti, lo sponsor di questa evidente riabilitazione subliminale del periodo fascista. L'esatto contrario dell'idea che ha ispirato il calendario dell'anno prima, progettato quando la destra non è ancora al governo. «A testa alta, da Porta San Paolo a Mignano Monte Lungo, i 98 giorni che portarono alla riscossa» c'è scritto sulla copertina. La riscossa è quella dell'esercito italiano dopo l'8 settembre 1943 contro gli invasori nazisti.

L'opportunità, questa sconosciuta

Vi chiederete: ma se nulla vieta a un ministro di possedere le quote di una società, o magari tutta l'azienda, perché questa corsa a scaricare le azioni sui familiari? Mariti, fidanzati, mogli o figli che siano? O addirittura a chiuderle, le società? La risposta è nella legge sul conflitto d'interessi ideata vent'anni fa da Franco Frattini. Dice che ministri e sottosegretari non si devono occupare d'altro, senza però porre limiti al possesso di azioni o di società. Chi decide di liberarsene con l'aiuto dei familiari allora ha la coda di paglia? Se vendi le azioni a tua moglie o al fidanzato, non è che smetti di avere un interesse. Lo fanno perché se qualcuno ne chiede conto possono sempre dire: ma come, la società non è più mia. L'ho venduta quando sono stato nominato. Marameo!

Ma poi il problema si può porre anche all'origine delle scelte politiche, e sempre per la stessa ragione. Non perché ci sia una legge, ma per una questione di opportunità. È opportuno che il proprietario di uno stabilimento balneare faccia il ministro del Turismo? È opportuno che un politico lobbista di affari internazionali sia messo a capo di un ministero che ha competenza sul commercio estero? È opportuno che un esperto di questioni militari retribuito dalle industrie militari venga nominato ministro della Difesa? È opportuno che un consulente del lavoro, capace di esercitare il controllo su una categoria professionale così potente da condizionare le decisioni politiche, abbia l'incarico di ministro del Lavoro? Ci tormenta la sensazione, ed è più che una sensazione, che le norme siano studiate appositamente in modo così generico per lasciare libero chiunque di fare come meglio crede. Libero di fare tutto quanto non espressamente vietato da una legge, ignorando però la regola più importante per chi fa politica: l'opportunità, appunto.

Il ministro della Difesa abita a Roma in una casa che gli affitta Carmine Saladino. È presidente e azionista di una società, la Maticmind, che fattura 490 milioni e lavora anche per la Pubblica amministrazione italiana. Ivi incluso il ministero della Difesa, per appalti ottenuti prima che l'attuale ministro Guido Crosetto si insediasse, come ha rivelato «il Fatto Quotidiano». Non c'è una legge che impedisca a un ministro di affittare l'abitazione da un signore che ha rapporti con la Pubblica amministrazione e magari anche con il suo ministero. Ma non è molto estetico.

Come non lo è la circostanza che un sottosegretario al Lavoro, ex numero due (o uno, non si capisce bene) di un sindacato, acquisti con lo sconto la casa, nella quale abita, da un ente di previdenza che dal suo ministero è vigilato. E che per giunta la pigione l'abbia pagata il suo ex sindacato. Il sottosegretario è il leghista Claudio Durigon già vicesegretario dell'Ugl, il sindacato di destra che lo stesso Durigon ha portato in dote a Matteo Salvini. Basta dire che la struttura di comunicazione del capo della Lega, la «Bestia», com'è simpaticamente battezzata, ha avuto sede operativa negli uffici sindacali di via delle Botteghe Oscure, a Roma. L'ente di previdenza è l'Enpaia, quello degli addetti e degli impiegati del settore agricolo.

Tutti d'accordo. Anche chi ha sempre sbraitato contro il conflitto d'interessi. L'inutile legge che porta il nome dell'ex ministro ed ex presidente del Consiglio di Stato Franco Frattini non è stata mai messa concretamente in discussione neppure con la sinistra al governo. Qualche misura è stata introdotta dalla legge anticorruzione approvata faticosamente all'epoca di Mario Monti premier tecnico.

Ma nulla che tocchi il rapporto fra i politici e gli affari tramite parenti o interposta persona. Né che corregga certi anacronismi ancora presenti nelle regole attuali, come quello che consente a un onorevole di fare il presidente di una banca cooperativa, che oggi è in tutto e per tutto identica a una qualunque altra banca inibita, invece, a deputati e senatori fin dall'epoca dello scandalo della Banca romana del 1893. È grazie a questa clausola che Denis Verdini ha potuto restare a capo del Credito cooperativo fiorentino di Campi Bisenzio durante il mandato parlamentare. E nulla che regoli il rapporto fra l'attività precedente e gli incarichi di governo per evitare spiacevoli cortocircuiti al protagonista, magari assolutamente incolpevole.

Questo terreno è scivoloso, perché sarebbe impossibile vietare a un avvocato di fare il ministro della Giustizia, o a un medico di fare il ministro della Salute, oppure a un fiscalista di fare il ministro delle Finanze. Si possono però piantare alcuni paletti.

Bruxelles l'ha fatto, e c'è stato in Italia chi ha cercato di imitare le sue regole. «Il mio primo atto da ministro» ha twittato Carlo Calenda il 31 dicembre 2023, «fu l'introduzione di una disciplina dei contatti con imprese e portatori d'interesse derivata da quella della Commissione europea. 1) Iscrizione al registro dei portatori d'interesse obbligatorio per chi entra in un ministero. 2) Agenda degli incontri di ministri, sottosegretari e direttori generali con portatori d'interesse, pubblicata a due mesi di distanza massimo dall'incontro. 3) Incontri fuori ministero vietati per la struttura tecnica a meno di specifica autorizzazione. Per fare questo non serve neppure una legge.»

Ci vorrebbe una legge, invece, per introdurre un deterrente formidabile ma necessario per fare chiarezza in molte zone d'ombra. Ossia la decadenza automatica dall'incarico per chi mente o dà informazioni volutamente incomplete al Parlamento. Una regola fondamentale, per il presidente dell'Anticorruzione Giuseppe Busia. E ha ragione, considerando quanto il conflitto d'interessi sia ormai diffuso nel nostro sistema politico. Sempre Giuseppe Colombo e Antonio Fraschilla hanno scoperto che i parlamentari proprietari di quote o azioni in società di capitali sono un centinaio: 40 solo quelli di Fratelli d'Italia.

E il fatto è che in un sistema democratico complesso il conflitto d'interessi può assumere gradazioni infinite. Anche impercettibili.

Le circostanze non mancano. Tanto per dirne una, è normale che un prefetto ricopra l'incarico di ministro dell'Interno? La risposta è no. In una democrazia compiuta non è affatto normale. Il prefetto rappresenta il governo centrale in un determinato territorio, dove sovrintende anche all'ordine pubblico, ed è alle dipendenze dirette del ministro dell'Interno. Il quale lo nomina, ne decide la destinazione nonché il ruolo, e ne determina la carriera. Non è un caso che i pochi prefetti ministri dell'Interno siano stati destinati a quel delicatissimo incarico da governi tecnici.

Il primo prefetto nominato al vertice del Viminale da un governo politico a tutto tondo è Matteo Piantedosi. L'uomo che definisce «carico che ne dovesse residuare» gli esseri umani migranti cui è vietato sbarcare in un porto italiano e devono essere rispediti dall'altra parte del Mediterraneo. E che per ciò che si è appena detto vive una situazione di conclamato conflitto d'interessi. A testata multipla, per giunta. Pure sua moglie Paola Berardino infatti è prefetto: nominata dall'ex ministra dell'Interno Luciana Lamorgese, a sua volta prefetto, che un anno prima aveva anche nominato Piantedosi, capo di gabinetto del Viminale e suo futuro successore, prefetto di Roma. Per questo incarico che riveste a Grosseto la funzionaria pubblica Paola Berardino oggi risponde al marito ministro. Inconcepibile.

C'è poi una banca pubblica, di cui il Tesoro controlla l'80 per cento, nata nel 1957 per volontà del presidente della Repubblica dell'epoca, Giovanni Gronchi. È l'Istituto per il credito sportivo, e finanzia la realizzazione degli impianti sportivi in tutta Italia. I vertici sono anche loro di nomina pubblica. Il presidente, dice lo statuto, viene designato dal presidente del Consiglio o dall'organo di governo delegato allo Sport: d'intesa, naturalmente, con l'azionista ministero dell'Economia. Ora succede che l'organo governativo delegato allo Sport, cui compete materialmente la nomina, sia il ministro dello Sport Andrea Abodi. Il quale, prima di giurare fedeltà alla Costituzione come ministro della Repubblica, era proprio presidente dell'Istituto per il credito sportivo. E per questa singolare circostanza nella sua nuova veste, come prevede lo statuto della banca, può nominare il proprio successore al vertice dell'Istituto: Beniamino Quintieri, docente di economia all'Università di Tor Vergata, che è stato presidente della Sace e dell'Ice e ha ricoperto una miriade di incarichi pubblici di rilievo. La scelta è caduta certamente su una figura preparata e competente. Ma un ministro che nomina il proprio successore al posto che occupava prima non è il massimo dell'estetica. E si dà il caso che nelle istituzioni anche la forma sia sostanza.

Avvocato non porta pena

Tutto lecito, fino a quando non esiste una legge che lo vieti. Non c'è una legge che obbliga un politico a cedere le quote di una società, ma non c'è neppure una legge che vieta a un sottosegretario di aprirne una. Proprio mentre è al governo.

Il sottosegretario in questione è Andrea Delmastro Delle Vedove, uno fra i più rispettati del cerchio magico di Giorgia Meloni. I due sono praticamente coetanei: fra le loro date di nascita passano 85 giorni. Andrea è figlio di un ex deputato della destra, e la sua fede nella fiamma che arde sul catafalco del duce non è mai stata in discussione. La biografia dice che a 16 anni è già un segretario provinciale missino e milita in Azione giovani, l'organizzazione dove si forma anche Giorgia Meloni. Che quando ne viene eletta presidente deve dire grazie anche a chi l'ha strenuamente sostenuta, cioè Delmastro junior. Nonostante il legame di amicizia fra questi e l'altro candidato alla presidenza di Azione giovani, il Carlo Fidanza del quale si parla più avanti.

Delmastro junior è così fedele alla causa che, quando nell'autunno 2022 nasce il primo governo a trazione estrema destra della storia postfascista, ha il compito di marcare strettissimo il ministro della Giustizia Carlo Nordio. Che pure sarebbe stato indicato da Giorgia in persona, secondo le ricostruzioni giornalistiche. Fatto sta che il vero uomo forte al ministero di via Arenula, a Roma, è proprio il sottosegretario che ha in mano il personale e l'organizzazione giudiziaria.

Coerente con la prassi moderna adottata da molti politici, ha messo in chiaro che non intende dimettersi per il semplice fatto di essere stato rinviato a giudizio. Ragion per cui dovrà rispondere davanti ai giudici del tribunale dei ministri dell'accusa di rivelazione di segreto d'ufficio. Lui, che è anche avvocato.

Proprio per questa ragione, visto che non c'è nessuna legge a impedirlo, Delmastro junior pensa bene il 19 gennaio 2023 di costituire una società fra professionisti, ovviamente di assistenza legale. «Delmastro-Vasta srl società tra avvocati»: questa la denominazione sociale.

Ma perché un sottosegretario, che non può per legge svolgere altra attività se non quella di governo e quindi gli è inibita la professione, costituisce una società di avvocati proprio mentre è sottosegretario? E sottosegretario alla Giustizia, poi. Non sarebbe stato più opportuno aspettare la fine del mandato di governo, anche per evitare che il nome e l'incarico istituzionale possano impropriamente attirare clienti bisognosi di tutela legale verso la società di cui il sottosegretario è azionista?

Tale modo davvero curioso di interpretare il proprio ruolo istituzionale sfocia in una iniziativa sorprendente, anticipata da Giuliano Foschini su «la Repubblica» il 9 febbraio 2024. Nell'aprile 2022 il filologo Luciano Canfora non resiste a definire Giorgia Meloni «neonazista nell'animo» durante un incontro con gli studenti in un liceo di Bari. La querela gli arriva a stretto giro di posta. Nel frattempo la leader di Fratelli d'Italia conquista palazzo Chigi e Canfora viene mandato a processo. Ma lei non rinuncia al giudizio in una causa per diffamazione come invece sarebbe opportuno, considerando la posizione da lei adesso occupata che determina una enorme sproporzione fra querelante e querelato. Per questo principio

Massimo D'Alema, appena nominato presidente del Consiglio, ritira nel 1998 una causa contro il «Corriere della Sera» promossa mesi prima. Giorgia Meloni, invece, non intende recedere. Né contro lo scrittore Roberto Saviano, che nel novembre 2020 durante una puntata di «Piazzapulita» sull'immigrazione e i morti in mare dice: «Vi sarà tornato alla mente tutto il ciarpame detto sulle Ong: taxi del mare, crociere... ma viene solo da dire bastardi. A Meloni, a Salvini, bastardi, come avete potuto? Come è stato possibile descrivere così tutto questo dolore?». Ma neppure contro Canfora. E al direttore del «Corriere» Luciano Fontana motiva la scelta con un ragionamento esattamente opposto a quello di D'Alema. Cioè che, siccome i cittadini sono tutti uguali davanti alla legge, ritirare la causa equivarrebbe ad affermare che non lo sono. «Credo che tutto verrà trattato con imparzialità, vista la separazione dei poteri» risponde a Fontana.

Nel processo a Canfora, rivela Foschini, la premier si affida a un avvocato d'eccezione: Delmastro. In pratica la presidente del Consiglio, in una causa per diffamazione contro un cittadino qualunque, si fa rappresentare in un'aula di giustizia dal sottosegretario alla Giustizia. Legale della parte lesa. Non c'è dubbio che sia un modo quantomeno singolare di interpretare la separazione dei poteri.

E poi, come la mettiamo con la legge sul conflitto d'interessi? L'articolo 2, lettera d della legge per cui Vittorio Sgarbi si dovrebbe dimettere non c'entra proprio nulla in questo caso? Rileggiamo: «Il titolare di cariche di governo, nello svolgimento del proprio incarico, non può [...] esercitare attività professionali o di lavoro autonomo in materie connesse con la carica di governo, di qualunque natura, anche se gratuite, a favore di soggetti pubblici o privati...». Va bene che in Italia le leggi si interpretano, ma sembra chiaro che un problema ci sia. Di sicuro Delmastro non può manovrare con la società che ha appena costituito, visto che lo stesso articolo vieta a chi sta al governo di «compiere atti di gestione in associazioni o società tra professionisti». Ed è vero che nella Delmastro-Vasta srl il sottosegretario ha il 33 per cento del capitale, ma nella denominazione sociale c'è il suo nome.

Gli altri soci sono sua sorella Francesca, con il 17 per cento, e l'avvocata biellese Erica Vasta, titolare del 50 per cento.

Oltre a esercitare la professione legale, Francesca Delmastro fa pure politica. Ovviamente con il partito del fratello. È sindaca di Rosazza, un comune di 99 abitanti in provincia di Biella. Dove per cinque anni è stato consigliere comunale Carlo Fidanza, l'europarlamentare di Fratelli d'Italia scivolato nel tritacarne mediatico per aver rivelato a un inviato di «Fanpage» in incognito il sistema per versare contributi in nero al partito. Archiviato dalla procura di Milano, non se la cava tuttavia per un'altra storia. Un consigliere comunale di Brescia si dimette per fare posto al primo dei non eletti che è amico di Fidanza. Si chiama Giangiacomo Calovini ed è perseguitato dalla sfortuna. Trombato alle politiche del 2018, ritrombato alle regionali della Lombardia e ri-ritrombato perfino alle comunali di Brescia. Ma è uno dell'esecutivo nazionale di Fratelli d'Italia e soprattutto è del cerchietto magico di Fidanza. Deve avere un posto qualsiasi, aspettando l'occasione per ritentare l'assalto a un seggio più prestigioso. In cambio il figlio del consigliere dimissionario che ha lasciato la poltroncina a Calovini viene preso come assistente dal deputato europeo. Con un contratto part time da 795 euro lordi al mese, precisa il «Corriere della Calabria».

Per liberarsi dalla rogna, a giugno 2023 Fidanza e Calovini, nel frattempo finalmente eletto in Parlamento e accomodatosi su una poltrona degna del nome, patteggiano una condanna a 16 mesi, confermata a ottobre dal tribunale di Milano. Il che non impedisce a Fidanza di mantenere come niente fosse il seggio al Parlamento di Strasburgo. E a Calovini di conservare il posto alla Camera.

3

I futuri ministri diano il buon esempio: rinuncino all'auto blu

Giorgia Meloni, 2012

Rosazza come Rashōmon

Così Gianfranco Fini ricorda in un'intervista al «Foglio» il profilo di Emanuele Pozzolo: «Quando ero presidente di An lo allontanammo, senza nemmeno espellerlo, dalla federazione di Vercelli, perché era un violento estremista verbale. [...] Capimmo che era un balengo, come si dice in Piemonte, e lo accompagnammo alla porta: via, andare».

Un «violento estremista verbale» no vax che non esita a definire Benito Mussolini «uno dei migliori statisti che abbia avuto l'Europa» aggiungendo, come ha documentato «Dagospia», di non offendersi sentendosi definire «intollerante, reazionario e fascista». E gira con la pistola «per difesa personale».

È una calibro 22, che il deputato di Fratelli d'Italia Pozzolo ha in tasca anche la notte di Capodanno del 2024, al veglione organizzato nella pro loco del Comune di Rosazza. Non manca nessuno. C'è la sindaca Francesca Delmastro e suo fratello sottosegretario. Ma nella tasca il piccolo revolver non ci vuole proprio rimanere. Così esce fuori ed esplode un colpo nel locale dove ci sono anche dei bambini. Loro per fortuna non vengono colpiti, ma in un luogo affollato il proiettile vagante incontra fatalmente la parte di un corpo umano. È la gamba di uno dei partecipanti al veglione. Luca Campana ha 31 anni ed è il genero del capo della scorta del fratello della sindaca, l'onorevole sottosegretario Andrea Delmastro.

Che cosa ci fa Pozzolo con la sua pistola alla pro loco di Rosazza la notte di Capodanno? L'ha invitato il suo conterraneo e collega di partito sottosegretario alla Giustizia, senza immaginare, ovviamente, che si sarebbe presentato armato. I due sono amici, e questo già dovrebbe far riflettere sul genere di amicizie che coltiva un importante esponente dell'esecutivo.

Ma non è finita qui. Fra i vari reati ce n'è uno, quello di lesioni personali, perseguibile soltanto con la querela. Il ferito però è titubante, e si convince a farla dopo un paio di giorni. «Io sono un operaio, lui è un politico...» si lascia sfuggire. Un politico abbastanza *sui generis*. Allontanato da Alleanza nazionale, Emanuele Pozzolo si rifugia nella Lega. Ma non fa per lui. Così, dopo che Fini è uscito di scena e la fiamma ha ripreso ad ardere, i Fratelli d'Italia accolgono il pistolero a braccia aperte come fosse il figliol prodigo. E per dimostrargli di quanto affetto sono capaci gli danno un seggio alla Camera.

Il fondatore di Alleanza nazionale Gianfranco Fini

dice che i soggetti così, fra i 181 parlamentari di Fratelli d'Italia, «saranno cinque o sei». Anche uno solo, però, è perfino troppo. La dice lunga su come si seleziona la classe dirigente che rappresenti i cittadini in Parlamento. Significa che chi ha deciso di metterlo in lista e farlo eleggere non ha la minima cognizione di cosa debba essere un parlamentare in una Repubblica democratica. Oppure non gli interessa, il che è assai peggio. Anche perché se avesse a cuore il rigoroso rispetto dell'articolo 54 della Costituzione («I cittadini cui sono affidate funzioni pubbliche hanno il dovere di adempierle con disciplina e onore») difficilmente un onorevole si presenterebbe alla festa di Capodanno accompagnato da una rivoltella. Magari senza sicura.

Non è facile nemmeno accertare chi abbia sparato. Pozzolo nega di essere stato lui, ma due testimoni affermano il contrario. Prima gira voce che non si voglia sottoporre all'esame della polvere da sparo, poi che alle richieste degli inquirenti voglia opporre l'immunità parlamentare. Niente di tutto questo. Tuttavia la vicenda continua a essere avvolta a lungo da una nebbia fitta e vischiosa.

L'unica cosa certa è che tre settimane dopo il fattaccio il capo della scorta del sottosegretario, suocero del ferito e presente la notte di Capodanno nella pro loco di Rosazza, se ne va in ferie e viene sostituito. Lui e il genero colpito dal proiettile indicano il responsabile di aver premuto il grilletto nell'onorevole Pozzolo, risultato anche positivo all'esame della polvere da sparo. Poi si scopre che sulla pistola ci sono le impronte di tre persone diverse. Pozzolo, il capo scorta di Delmastro e suo figlio Maverick, come racconta «Il Messaggero».

Pablito Morello è un caposcorta molto particolare. Diverso da tutti gli altri. E non perché sia anch'egli praticamente conterraneo dello scortato. La particolarità risiede nel fatto che l'ispettore capo della polizia penitenziaria Morello, novarese di nascita e biellese d'adozione, classe 1964, è sodale politico del sottosegretario sotto la sua tutela. Nel 2009 Pablito e Andrea si presentano con la stessa lista alle elezioni comunali di Biella. E vengono eletti. L'avvocato Delmastro diventa anche assessore della giunta guidata dal sindaco forzista Donato Gentile e il suo futuro caposcorta è consigliere della maggioranza che la sostiene. Il partito è il Popolo della libertà di Berlusconi, che ha fagocitato Alleanza nazionale. Ma la fede dei due nella vecchia cara fiamma riaccesa da Fratelli d'Italia è fuori discussione. E il sodalizio è destinato prima o poi a rifiorire, anche se da posizioni leggermente diverse. Con mutua soddisfazione. L'avvocato Delmastro è un potente sottosegretario alla Giustizia e ha un caposcorta amico di massima fiducia. Il caposcorta lascia a casa la divisa da guardia carceraria, indossa la grisaglia e ha il portafoglio un po' più gonfio di quello dei suoi colleghi. Lo stipendio del caposcorta non è come quello del secondino. Può arrivare anche al doppio. Certo, si deve rinunciare a un sacco di cose. La moto, per esempio. Morello fa parte di un club di patiti delle due ruote americane con aste e bilancieri. Non motociclisti qualunque. «Agenti di polizia, militari in servizio o in pensione e simpatizzanti delle forze dell'ordine, appassionati di Harley Davidson», secondo Marco Zonetti di «Dagospia». Gente che non si sente a disagio ad avere un ferro in tasca o infilato nella cintura. Come rivendica senza possibilità di equivoco il nome del loro amichevole gruppo di harleysti: *Shot gun – Law enforcement Motorcycle club*. Che in italiano potrebbe suonare più o meno così: «Colpo di pistola – Club motociclistico di forze dell'ordine». *Bum!*

Quale sia il motivo dell'improvviso avvicendamento del caposcorta di Delmastro non viene spiegato. L'episodio però scatena una ridda di supposizioni: difficile dire se o quanto fondate. In alcune ricostruzioni la pistola cade dalla tasca di Pozzolo e il colpo parte dopo che è stata raccolta e passata di mano in mano fra le persone che sono lì intorno. Vicino al deputato, scrive ancora Zonetti, ci sarebbero «tre persone: il caposcorta di Delmastro, ovvero Pablito Morello suocero del ferito, e due politici locali di Fratelli d'Italia, vale a dire Davide Zappalà e Luca Zani». Zappalà è l'ex assessore all'edilizia del Comune di Biella; Luca Zani invece è consigliere comunale. Altri testimoni dicono addirittura, come riferisce sempre «Dagospia», che «un gruppetto di agenti di polizia penitenziaria, vista la presenza di bambini, si sarebbe allontanato per sparare colpi in aria festeggiando il nuovo anno, e a quel punto Pozzolo avrebbe mostrato l'arma ai presenti». Ipotesi, peraltro, prive di riscontri. E che sono in contrasto fra di loro.

La circostanza incresciosa è che in uno scenario traboccante di deputati, sindaci, consiglieri comunali, assessori, sottosegretari e agenti di polizia (perché è assodato che alla festa ci sono anche alcuni dei secondini che a luglio hanno organizzato una bella grigliata estiva nel cortile del carcere di Biella) non esca fuori subito la verità.

È una situazione surreale che ricorda *Rashōmon*, film capolavoro di Akira Kurosawa del 1950. È la storia dell'indagine sull'omicidio di un samurai, in cui ogni testimone dà una versione diversa ma altrettanto plausibile. Perfino il morto, consultato dal giudice attraverso una sensitiva, ne fornisce una che non collima con nessuna delle altre.

Dopo quanto è successo, anche i chiarimenti sui rapporti fra i politici e quegli agenti partecipanti alla serata sarebbero doverosi. Difficile ignorare la provocazione di Matteo Renzi, intervistato da «la Repubblica»: «Delmastro usa la polizia penitenziaria come una falange privata. Hanno una concezione privata delle istituzioni. La polizia penitenziaria è un organo dello Stato, non una riserva di voti di Fratelli d'Italia». Fra i due volano parole pesanti. Renzi si ostina a chiedere che il sottosegretario riferisca in Parlamento sull'accaduto, avanzando seri dubbi sulle ricostruzioni. Delmastro lo querela. Ma la verità rimane sempre avvolta in quella nebbia. Fitta e vischiosa. Almeno fino alla fine delle indagini.

Una comoda Maserati in comodato

Domanda il presidente della Regione Campania Vincenzo De Luca: «A che titolo ha la scorta questo Delmastro?». Gliel'hanno data dopo che il vicepresidente del Copasir Giovanni Donzelli ha attaccato i deputati del Pd per la visita in carcere ad Alfredo Cospito il giorno che l'anarchico viene beccato da una intercettazione a parlare con un camorrista contro il 41 bis. Donzelli avrebbe utilizzato notizie coperte da segreto gentilmente fornitegli dal sottosegretario Delmastro, che per questo è stato rinviato a giudizio. Tanto basta perché entrambi abbiano la scorta. E pure il sottosegretario alla Giustizia leghista Andrea Ostellari.

Fin qui nulla da eccepire, per come vanno le cose in Italia. La domanda da porsi è semmai come abbia fatto Delmastro a farsi assegnare un caposcorta che è stato con lui amministratore locale a Biella, il suo vero bacino elettorale.

Ma con le scorte, in Italia, possono succedere cose incredibili. Pure che la scorta, anziché usare l'auto di Stato, accompagni lo scortato con la sua vettura. Se è una Maserati. Daniela Garnero Santanchè ha la scorta dal 2006. Succede dopo un'apparizione televisiva su Sky nella quale la ministra del Turismo, all'epoca parlamentare di Alleanza nazionale, parla del libro che ha appena pubblicato sui diritti negati alle donne nei Paesi islamici. Sostiene che il velo non è un obbligo impartito dal libro sacro ai musulmani. Durante la trasmissione l'imam di Segrate Abu Shwaima l'attacca duramente: «Ignoranti, non potete interpretare il Corano!». E lei rivela allarmata: «Il mio nome è segnalato nei siti islamici». Il ministero dell'Interno, allora guidato da Giuliano Amato, decide di far scattare le misure per la sicurezza personale della deputata. Anche perché le minacce continuano. Ne arriva una anche per lettera nella sua cassetta postale a Montecitorio.

Della scorta a Garnero Santanchè non si parla più fino a quando, nel luglio del 2023, «il Fatto Quotidiano» scrive che fra il 2015 e il 2019 la ministra ha preso 462 multe a Milano con una Maserati in leasing alla sua società Visibilia. Molte annullate, ma le 43 per divieto di sosta non risulterebbero pagate. Lei replica indignata in Senato: «Le multe riferite erroneamente a me per sosta vietata o circolazione in zona a traffico limitato sono in realtà multe di competenza dell'Arma dei carabinieri cui ho dato in comodato gratuito una mia vettura per non gravare sulle auto di scorta di proprietà statale. Voglio dirlo chiaro: non ho nessuna multa da pagare». La spiegazione però non convince tutti quelli che l'ascoltano. Pur con la gratitudine dovuta a una persona scortata con la propria auto per non gravare ulteriormente sulla collettività, c'è un tassello che manca. Se la Maserati è in uso ai carabinieri per la scorta a una parlamentare, la targa non dovrebbe essere comunicata e quindi al riparo delle sanzioni previste dal codice stradale o per accesso alla Ztl e divieto di sosta? L'avranno dimenticato, forse. Forse. Ma per quattro anni?

La scorta? Che fastidio! Anzi, no...

A sentire loro, nessun politico vorrebbe la scorta. Né l'auto blu. Ma quando ce l'hanno nessuno ci rinuncia. Dicono che è difficile riuscire a farsela togliere, ed è vero. L'ex ministro dell'Economia Tommaso Padoa-Schioppa sudò sette camicie per liberarsene, sotto la propria responsabilità. Un atto eroico e quasi del tutto isolato.

La scorta è una bella rottura, ma volete mettere la comodità? Non ci sono file all'incrocio, semafori, zone a traffico limitato... Senza considerare lo status. Perciò chi ce l'ha, nella maggioranza dei casi, se la tiene. Anche se non ha più incarichi pubblici. C'è pure chi è scortato perché ha ricevuto qualche minaccia. Con le minacce non si scherza, sia chiaro. E certe posizioni sensibili vanno comunque tutelate, al di là delle minacce.

Ma può anche capitare che su un'auto blu con la scorta viaggi un politico quasi pregiudicato, mentre è in attesa di una condanna definitiva. E che magari si presenti in carcere a scontare la pena accompagnato dalla scorta.

Per Aldo Labate, avvocato dell'ex presidente della Regione Calabria Giuseppe Scopelliti, la circostanza smonta addirittura le accuse del pentito Seby Vecchio a suo carico: «Il dottore Scopelliti tende a precisare che per quattordici lunghi anni, dal 2004 al 4 aprile 2018, giorno della sua condanna definitiva, ha vissuto sempre scortato dagli agenti della polizia di Stato che hanno costantemente documentato, per dovere d'ufficio, ogni spostamento e ogni contatto con terzi che lo stesso ha intrattenuto, con relazioni di servizio indirizzate ai loro superiori». La scorta l'ha scortato anche in carcere?

Una situazione più frequente di quanto si possa immaginare, considerando il numero di personalità politiche finite a processo negli ultimi anni mentre erano sotto scorta. Ma perfino meno surreale in confronto ad altre. Scorrendo le liste delle personalità scortate, di interrogativi ne sorgono a bizzeffe. Una decina d'anni fa il quotidiano romano «Il Tempo», allora firmato dall'attuale direttore del Tg1 Gian Marco Chiocci, ne pubblicò una di 226 nomi, corredata dal numero di agenti. C'è Denis Verdini, già abbondantemente nei guai giudiziari per il crac del Credito cooperativo fiorentino e la vicenda dei contributi pubblici alla sua società editrice Toscana edizioni. C'è l'ex presidente della Regione Lombardia Roberto Formigoni, alle prese con l'inchiesta per corruzione nella sanità che gli costerà una condanna a 6 anni. Ci sono praticamente tutti i ministri, da quello dell'Interno Angelino Alfano a quello della Coesione territoriale Carlo Trigilia, passando per la ministra dell'Agricoltura Nunzia De Girolamo, il responsabile dei Rapporti con il Parlamento Dario Franceschini e quello dei Beni culturali Massimo Bray. Oltre ad alcuni sottosegretari all'Agricoltura, come Giuseppe Castiglione e Maurizio Martina. Non mancano ovviamente molti magistrati: fra loro anche Luca Palamara, allora presidente dell'Associazione nazionale.

E poi qualche parlamentare. Antonio Angelucci, Fabrizio Cicchitto, Gianfranco Rotondi... Tanti da non riuscire a darti una spiegazione. Ma la lista pubblicata una decina d'anni fa dal «Tempo» è tempestata di «Chissà perché...». Chissà perché Mario Baccini, ex deputato che nel 2005 è stato anche ministro della Funzione pubblica nel terzo governo di Silvio Berlusconi. Da allora però sono passati quasi vent'anni e in quel momento il nostro è soltanto il presidente dell'Ente per il Microcredito, che per inciso è una sua creatura. Lui l'ha fondato, lui l'ha trasformato in ente pubblico da sé medesimo presieduto mentre è parlamentare e, quando il governo di Mario Monti per palese inutilità l'ha soppresso, sempre lui l'ha fatto risorgere e rifinanziare con denari dello Stato, grazie a un suo emendamento. Tutto questo nonostante la legge sulle incompatibilità parlamentari del 1953 vieti a deputati e senatori di avere incarichi in enti pubblici, o comunque finanziati dai contribuenti.

Chissà perché Claudio Lotito. È il presidente della Lazio, autentico pezzo da novanta sul pianeta calcio, con solidissimi rapporti nel mondo politico, soprattutto del centrodestra. E chissà perché Carlo Vizzini, ex ministro socialdemocratico della Prima Repubblica. Chissà perché l'avvocato Carlo Taormina, ex deputato di Forza Italia per una legislatura fino al 2006 e sottosegretario per sei mesi nel 2001. Chissà perché Andrea Ronchi, ex deputato di An, già ministro per gli Affari europei con Berlusconi. E stendiamo un velo pietoso su tanti altri «Chissà perché...».

Alfa Stelvio batte Audi e Bmw

Nella cosiddetta Prima Repubblica, con scorte inutili e auto blu avevano davvero esagerato. La cosa però non faceva scandalo. Poteva così accadere quello che si verificò il 28 giugno 1992, giorno dell'insediamento del primo governo di Giuliano Amato. Infuriava Tangentopoli mentre l'assalto della mafia era in pieno svolgimento e l'Italia si trovava sull'orlo della crisi finanziaria. I collaboratori che Amato aveva portato con sé a palazzo Chigi scoprirono che almeno una quarantina fra autisti e agenti di scorta erano spariti. Volatilizzati insieme a un discreto numero di auto blu. Dov'erano finiti? Non erano affatto passati allo stato gassoso, semplicemente continuavano a prestare servizio per alcuni personaggi cui il governo di Giulio Andreotti aveva concesso il benefit della mobilità con tutela a carico dei contribuenti. Quanti di loro fossero più amici che figure istituzionali non si è mai saputo. Non esistevano obblighi di trasparenza per le amministrazioni pubbliche. Figuriamoci per la politica.

Così, quando nel novembre 1994 un servizio dell'«Espresso» pubblica per la prima volta le cifre delle scorte, il dipartimento di Pubblica sicurezza del ministero dell'Interno presidiato dal leghista Roberto Maroni si sente in dovere di smentire. Precisando che «i dati reali per evidenti motivi di sicurezza non possono essere resi noti».

Il settimanale diretto dall'indimenticabile Claudio Rinaldi racconta che la nuova leva politica si è subito immedesimata nel ruolo. Ma specifica che il passaggio alla presunta Seconda Repubblica ha fatto anche qualche vittima del privilegio, dato che il numero delle personalità scortate è scemato da 720 a 522. Ancora troppe, se è vero che appena entrato al Viminale il ministro dell'Interno del primo governo di Romano Prodi, Giorgio Napolitano, dirama una circolare per «razionalizzare» le scorte e recuperare «per un più incisivo controllo del territorio» molte delle risorse umane fino a quel momento adibite alla protezione di personalità che non ne hanno bisogno.

Passano dodici anni e siamo di nuovo al punto di partenza. La vicepresidente della Lega alla Camera, Manuela Dal Lago, presenta un'interrogazione choc a Roberto Maroni, tornato al ministero dell'Interno. Chiede che vengano revocate le scorte a chi non ha più cariche pubbliche, «in modo da liberare personale da impiegare più utilmente sul territorio per fronteggiare la criminalità». Perché, dice, il numero del personale destinato alle scorte era passato da 2650 a ben 6600 unità fra il 1994 e il 2002.

Che cosa nel frattempo sia successo non è chiaro. Ma quando sulla poltrona di ministro dell'Interno si accomoda Annamaria Cancellieri le scorte attive sono 585. E anche la ministra del governo tecnico di Mario Monti concorda sul fatto che il sistema vada completamente rivisto.

Nel 2013 si scende a 545, poi quattro anni dopo si risale a 589. Nel 2018 il ministro dell'Interno Matteo Salvini fa sapere che s'impone una verifica approfondita per impedire abusi ed evitare sprechi. Le scorte in vigore sono 618. Un anno di governo con i grillini e calano a 569.

Ed è questo il numero ufficiale più recente. Quanto al costo, è una bella domanda. Nel 2012 circola una valutazione di 250 milioni l'anno, giudicata però sottostimata dagli stessi sindacati delle forze dell'ordine. Si capisce perché. Se fossero vere le cifre del personale di polizia, carabinieri, guardia di finanza e polizia penitenziaria impiegato nelle scorte di cui si è parlato (mai meno di 2000) solo per questa voce sarebbero 100 milioni mal contati l'anno.

Poi c'è la benzina. Secondo l'ultimo censimento sulle auto blu, quelle con autista sono 2699. Non tutte sono per le scorte, ma se di queste le blindate sono più di 400 e le scorte più impegnative sono di tre auto, il conto non è così difficile. Ci sono un migliaio e più di vetture che scorrazzano in continuazione su e giù per l'Italia bevendo come auto di Formula 1. Quindi le spese accessorie delle trasferte. Più le assicurazioni. Ma anche le manutenzioni delle vetture. E poi c'è, soprattutto, il costo delle stesse auto. Da un po' di tempo sono di gran moda i Suv. Per il nuovo corso patriottico, preferibilmente italiani. L'Alfa Stelvio 280 cavalli blindata, grigio antracite, va alla grande. Ha soppiantato Bmw e Audi. Nel 2023 ne hanno comprate a dozzine. Senza badare troppo a spese: 129.000 euro Iva inclusa è il costo di ogni vettura.

Perché la sicurezza non ha prezzo.

Ma non è tutto. Alla somma vanno aggiunte le risorse per la vigilanza delle abitazioni, con squadre di agenti e auto di polizia e carabinieri che stazionano perennemente davanti al portone di casa. Senza che talvolta se ne comprenda francamente il motivo. La ministra delle Riforme Maria Elisabetta Alberti Casellati, per esempio, non è più presidente del Senato dall'ottobre 2022. Eppure da allora, quando ha dovuto lasciare l'alloggio presidenziale di palazzo Giustiniani per tornare a casa propria, ecco una vettura dei carabinieri che staziona giorno e notte davanti alla sua abitazione romana.

Quanto alla sua residenza padovana, come hanno raccontato su «Domani» Emiliano Fittipaldi e Giovanni Tizian nel gennaio del 2022, è stata oggetto di un intervento per la sicurezza, che ha comportato fra l'altro la sostituzione di tutti gli infissi, costato 175.000 euro. A spese del ministero dell'Interno, cioè nostre. Mentre Maria Elisabetta Alberti Casellati è la seconda carica dello Stato, nella via di Padova in cui abita vige inoltre il divieto di sosta.

La presidente volante

Lei non c'entra, formalmente la decisione è dell'amministrazione comunale padovana su richiesta del Viminale. Sempre questione di sicurezza. Ma, da legale esperta qual è, non è disposta a cedere alcuna delle ulteriori prerogative che il ruolo di senatrice le concede. Fra queste c'è anche quella di far ricorso a una specie di commissione interna del Senato contro decisioni ritenute ingiuste. Il 15 settembre 2014 Maria Elisabetta Alberti Casellati lascia palazzo Madama per trasferirsi a palazzo dei Marescialli. L'hanno appena eletta al Consiglio superiore della magistratura. In Senato c'è stata la bellezza di vent'anni, è entrata nel 1994 con il Cavaliere. E in teoria avrebbe diritto a un sostanzioso vitalizio. Esiste però una regola introdotta qualche anno prima che sospende il pagamento dell'assegno da parte del Senato a chi riveste altri incarichi istituzionali con indennità almeno pari a quella da parlamentare.

Ma tutto si gioca sulle parole. Il termine «sospensione» può essere interpretato anche nel senso che al momento in cui l'incarico istituzionale retribuito dalle casse pubbliche cessa il titolare rientra in possesso del vitalizio (il che è scontato) e degli arretrati per tutto il periodo in cui è stato «sospeso». Così, a ogni buon conto e trattandosi di un diritto acquisito, la senatrice fa ricorso alla commissione di giustizia interna, composta dai suoi colleghi. E all'inizio di settembre del 2018, rivela «il Fatto Quotidiano», ottiene ragione e gli arretrati stimati dal giornale in 200.000 euro. C'è solo un dettaglio: quando questo tribunalino accoglie il ricorso, Maria Elisabetta Alberti Casellati è presidente del Senato.

Voltiamo pagina. Grazie alla sua carica ha diritto anche a viaggiare con l'aereo dello Stato. E volentieri accetta. Raccontano Giuliano Foschini e Fabio Tonacci su «la Repubblica» che fra maggio del 2020 e aprile del 2021 la presidente del Senato ha volato 124 volte con un Falcon 900 del 31° stormo dell'aeronautica militare, che gestisce i voli blu. Centoventiquattro voli in un anno, di cui 97 fra Roma e Venezia, l'aeroporto più vicino alla sua Padova, più alcune puntate in Sardegna per le meritate vacanze, significa uno ogni tre giorni. Ritmo che rinverdisce i fasti inarrivabili di inizio millennio. La motivazione? C'è la pandemia, e la seconda carica dello Stato non può permettersi il contagio. Ma lo stesso principio dovrebbe valere per le altre cariche istituzionali. E forse ancor più per i membri del governo. Che però risultano aver utilizzato il volo di Stato nello stesso periodo, calcolati tutti insieme, per un totale di 81 volte.

Quest'ultimo dato lo conosciamo perché ogni passaggio aereo a un ministro o a un sottosegretario va pubblicato per legge sul sito della presidenza del Consiglio, alla pagina dell'«Ufficio voli di Stato, di Governo e umanitari». A differenza delle alte cariche istituzionali. Per loro non c'è obbligo di trasparenza.

«I voli di Stato devono essere limitati al presidente della Repubblica, ai presidenti di Camera e Senato, al presidente del Consiglio dei ministri, al presidente della Corte costituzionale. Eccezioni rispetto a questa regola devono essere specificamente autorizzate, soprattutto con riferimento agli impegni internazionali, e rese pubbliche sul sito della presidenza del Consiglio dei ministri, salvi i casi di segreto per ragioni di Stato.»

Stabilisce questo un decreto legge fatto dal governo di Silvio Berlusconi nel luglio 2011, pochi mesi prima di sgretolarsi. Una stretta necessaria, visti i precedenti. Ma ancor di più vista la situazione drammatica che attraversa l'Italia, con lo spread inarrestabile, i conti pubblici in affanno, e soprattutto il discredito crescente per la politica.

«Nel blu, dipinto di blu»

Quattro anni prima, nel 2007, Romano Prodi ha imposto un giro di vite senza precedenti a un andazzo inaccettabile. Durante il precedente quinquennio di Silvio Berlusconi gli aerei di Stato volano senza soluzione di continuità. Gli apparecchi del 31° stormo e quelli della Cai, la compagnia aerea dei servizi segreti, solcano i cieli in media 37 ore al giorno scarrozzando i politici su e giù per l'Italia nemmeno fossero taxi. E il sottosegretario alla presidenza del Consiglio Enrico Micheli, che Prodi ha voluto a palazzo Chigi, fatica a respingere i continui assalti che ora arrivano anche dal centrosinistra. Il suo personale Vietnam dura più di un anno, finché non si decide a emanare una direttiva categorica. Possono usufruire dei voli blu soltanto il presidente della Repubblica, i presidenti delle Camere, il premier, gli ex capi dello Stato e il presidente della Corte costituzionale. Gli altri solo in casi eccezionali e se non c'è alcuna alternativa. I giornalisti non salgono più gratis, ma devono pagare il biglietto. Anche 300 euro.

La goccia che fa traboccare il vaso è la trasferta del

vicepresidente del Consiglio Francesco Rutelli a Monza per il gran premio di Formula 1, 9 settembre 2007. All'evento sportivo è prevista la presenza di un rappresentante del governo, e secondo le regole vigenti l'uso del volo di Stato gli è consentito. Rutelli è ministro dei Beni culturali e ha la delega sui grandi eventi, il turismo e pure sull'Automobile club, che organizza la gara. Ma sul volo c'è anche un altro ministro che si è fatto dare un passaggio, ed evidentemente Rutelli non ha potuto dire di no. È il titolare della Giustizia, Clemente Mastella. Insieme al volo decolla immediatamente anche la polemica: perfino la Corte dei conti ci si mette di mezzo, annunciando una verifica. Nemmeno due settimane dopo ecco la direttiva di Prodi. Che viene però spazzata via in un amen.

L'8 maggio 2008 torna il Cavaliere. E una delle preoccupazioni è ripristinare il vecchio ordine aeronautico. Abrogando con una sua direttiva tutte quelle del suo predecessore. Gli effetti si colgono all'inizio di giugno del 2009. Il «Corriere della Sera» e «La Stampa» pubblicano le immagini riprese dal giornalista Antonello Zappadu all'aeroporto di Olbia. Una serie di scatti che ritraggono una ballerina di flamenco e Mariano Apicella, il menestrello di Silvio Berlusconi che lo accompagna nelle esibizioni canore durante le serate conviviali, mentre scendono dall'Airbus A319 della presidenza del Consiglio. Sono arrivati con l'aereo di Stato per una festa a Villa Certosa, la sontuosa dimora sarda del Cavaliere.

Ben presto però la situazione diventa insostenibile.

E nel luglio 2011, come abbiamo raccontato, si corre tardivamente ai ripari. Imponendo per di più la pubblicazione sul sito del governo dei voli di ministri e sottosegretari. Ma non di quelli delle alte cariche istituzionali, come il premier e i presidenti delle Camere.

Poi a palazzo Chigi è il momento di Matteo Renzi. La flotta del 31° stormo dell'aeronautica militare è ben attrezzata. Due elicotteri e otto aerei. Ci sono cinque Falcon 900 e tre Airbus A319. I costi sono in proporzione: a bilancio ci sono 38 milioni l'anno. Proprio briciole non sono. Ma il conto vero può essere anche assai diverso. Dipende sempre dall'uso che se ne fa, degli aerei del 31° stormo.

Tuttavia Renzi pensa che sia necessario un salto di qualità. L'Airbus A319 è un bimotore capace di trasportare anche 160 persone? Lui vuole un aereo più grosso, capace di compiere i lunghi viaggi intercontinentali senza scalo. La scelta cade sull'Airbus A340/500. Un bestione con quattro motori e oltre 60 metri di apertura alare, che può caricare anche 375 passeggeri. Per prestazioni e dimensioni è paragonabile al Boeing 747: l'Air Force One del presidente degli Stati Uniti.

Costa un botto. Il contratto di leasing dice 167 milioni di euro in otto anni. Ma Renzi se lo gode poco. L'Airbus A340/500 entra in esercizio all'inizio del 2016 e lui si dimette a dicembre. Nell'agosto del 2018 i grillini, che sono arrivati al governo, sciolgono il contratto. La cosa però non finisce lì. Il contratto di leasing è con la compagnia araba Etihad, azionista di Alitalia, che non ci sta a perdere i soldi. Così decide che si va in tribunale. E il bestione? Non si alza più da terra. Finisce in un parcheggio a Fiumicino.

«Il costo per ritirarlo e tenerlo in esercizio è ormai superiore al valore dell'aereo stesso» scrive Gaetano Intrieri in una lettera pubblicata dal «Sussidiario.net» il 24 gennaio 2019. Intrieri è un consulente del ministero dei Trasporti al tempo del governo gialloverde, quando è ministro Danilo Toninelli. In passato è stato amministratore delegato della piccola compagnia aerea Gandalf, incarico che gli ha causato anche una condanna a 2 anni e 4 mesi per bancarotta. Accolta con filosofia: «Rispetto la sentenza, però rifarei le stesse cose. Ero così convinto della mia innocenza per quanto riguarda la sostanza che allora rifiutai di patteggiare per una pena risibile» dichiara a «il Fatto Quotidiano». Al netto della disavventura, è considerato un esperto del ramo. Tanto è vero che Toninelli gli affida il dossier dell'Airbus A340/500 voluto da Renzi con il contratto di leasing che i grillini vogliono cancellare. E il suo giudizio sull'operazione è categorico. A cominciare dal tipo di aereo scelto per integrare la flotta di Stato gestita dal 31° stormo dell'aeronautica militare.

L'Airbus A340/500, dice Intrieri nella lettera di inizio 2019 al «Sussidiario.net», «è ben conosciuto da chi opera in aviazione come un velivolo assolutamente anti-economico. Il progetto non ha avuto alcun riscontro nelle vendite ed è proprio per questo che dopo averne prodotti solamente una quarantina Airbus ha deciso di chiudere la produzione [...]. Di questi aeromobili prodotti, meno di dieci sono ancora in servizio ed è proprio per questo che ormai l'aeromobile ha praticamente un valore di mercato molto basso».

In realtà di Airbus A340 nelle varie versioni ne sono stati prodotti 377, dei quali 202 ancora in esercizio. La versione 500, quella ordinata da Renzi, conta 34 esemplari. Airbus ha deciso di dismettere la produzione dell'A340 nel 2011. Quando nel maggio del 2016 il ministero della Difesa stipula il contratto di leasing, quel modello è in pensione da cinque anni.

Eppure, con la frenesia del volo blu che rimonta, un aereo in più magari farebbe anche comodo. A parte le più alte cariche istituzionali, difficilmente ministri e sottosegretari del governo di Giorgia Meloni vi rinunciano. Dei loro viaggi, in teoria, si dovrebbe sapere tutto. Per l'anno 2023 sul sito internet della presidenza figurano 178 voli di ministri e sottosegretari. Andata e ritorno, ovvio. Sono 378 tratte, considerando anche quelle intermedie. Una in media ogni 24 ore. Contro una ogni 28 ore del governo di Mario Draghi, e una ogni 80 ore del primo esecutivo di Giuseppe Conte.

Le norme in vigore, che sono quelle sfornate dall'ultimo governo di Silvio Berlusconi nel 2011, pongono sulla carta limiti precisi. Intanto l'aereo di Stato non si può usare «per le tratte sulle quali sia presente il trasporto ferroviario», ammesso però che «tale servizio sia idoneo ad assicurare il trasferimento in tempi e orari compatibili con gli impegni istituzionali». Dev'essere sicuramente il caso in cui è incappato ripetutamente il ministro degli Esteri Antonio Tajani se, suo malgrado, ha dovuto usare l'aereo di Stato due volte per andare a Venezia (6 febbraio e 6 marzo 2023), e una volta a Trieste (15 settembre) e GENOVA (25 ottobre). Idem è accaduto al suo collega della Difesa Guido Crosetto, costretto a salire su un volo blu per recarsi a Bergamo (18 marzo), a Pisa (9 giugno) e Genova (30 giugno). E pure al ministro del Made in Italy Adolfo Urso, obbligato a prendere l'aereo della presidenza per recarsi a Verona (10 marzo) e Foggia (18 aprile). Così anche la ministra del Lavoro Marina Elvira Calderone, evidentemente impossibilitata a viaggiare in treno per raggiungere Torino (20 ottobre). Per non parlare della delegazione di governo che da Roma è andata a Milano con l'aereo di Stato il 14 giugno. E pazienza se un'ora di volo di un Falcon 900 costa non meno di 6000 euro, una ventina di volte più di un biglietto di prima classe per un treno ad alta velocità.

Le stesse norme attualmente in vigore aggiungono che l'aereo di Stato si può impiegare non prima che sia stata verificata la possibilità di «differenti modalità di trasporto»: cioè se non esiste un volo di linea altrettanto utile alla bisogna. Che però dovrebbe anche rispettare «specifiche esigenze di alta rappresentanza connesse alla natura della missione istituzionale». Dalla sterminata lista dei voli blu di ministri e sottosegretari si deduce che queste circostanze non si verificano mai. A Bruxelles si va sempre con l'aereo di Stato. Pure a Berlino, Londra, Belgrado, Barcellona, Stoccolma, Parigi, Malta, Varsavia, Lussemburgo, Madrid, Belgrado, Lione, Ginevra, Il Cairo, Tunisi, Strasburgo. Perfino a Palermo, Cagliari, Alghero e Crotone. Tutti volano blu. Anche ministri che, di solito, l'aereo di Stato lo vedono col binocolo.

Mercoledì 20 settembre 2023 un velivolo della presidenza del Consiglio porta il ministro dell'Istruzione Giuseppe Valditara a visitare le scuole della Locride. Il 21 febbraio il ministro della Cultura Gennaro Sangiuliano decolla per l'Armenia, anch'egli con il 31° stormo. Il 31 maggio la ministra del Turismo Daniela Garnero Santanchè se ne va a Sofia, accompagnata dal Falcon 900 d'ordinanza. E poi il 3 agosto la ritroviamo a Tirana, arrivata sempre con un volo blu. Come ha già fatto, il 27 marzo, il ministro della Sovranità alimentare Francesco Lollobrigida. Il ministro dello Sport Andrea Abodi vola invece a Lione il 29 settembre 2023 per la partita di rugby fra l'Italia e la Nuova Zelanda. Con l'aereo di Stato. E il 26 novembre eccolo a Malaga per la trionfale serata di coppa Davis. Sempre con l'aereo di Stato.

Troppa grazia. Ma questi non sono che peones, in confronto ai pezzi da novanta del governo. Ci sono ministri che non avrebbero neppure bisogno degli aerei del 31° stormo che fanno capo alla presidenza del Consiglio. Perché hanno i loro, e senza tutta quella manfrina. Il ministro dell'Economia avrebbe a disposizione i velivoli della Finanza. Quello della Difesa gli aeroplani delle forze armate. E quello dell'Interno gli apparecchi della polizia, con cui ha subito avuto dimestichezza Matteo Salvini nei mesi in cui ha occupato la poltrona del Viminale. Messo alle strette dai suoi colleghi di governo del Movimento 5 Stelle, dalla Corte dei conti che vuole vederci chiaro e dall'opposizione che chiede spiegazioni, l'allora ministro dell'Interno fa spallucce. E a maggio del 2019 spiega che, sì, ha viaggiato come un matto sui velivoli statali. Ma unicamente per ragioni istituzionali e non di partito o per fare comizi. In poco più di 11 mesi, 43 voli. Soltanto 22, però, con gli aerei del 31° stormo. Gli altri? Un paio con un apparecchio del ministero della Difesa. E ben 19 con velivoli della polizia di Stato.

Contenti?

4

Le società a controllo pubblico sono discariche per politici trombati

Luca Cordero di Montezemolo, 2008

Il decreto svanito nel nulla

Non me ne voglia Massimiliano Panero. Nulla di personale, giuro. Ma la domanda è più che legittima: è doverosa. L'avrebbero mai nominato consigliere di una società statale di ingegneria specializzata nel risanamento ambientale se quel decreto avesse visto la luce?

Estate del 2016. Matteo Renzi occupa ancora saldamente palazzo Chigi. A palazzo Vidoni, sede del ministero della Pubblica amministrazione che affaccia su corso Vittorio Emanuele II a cento metri da Largo di Torre Argentina, c'è per la prima volta una donna. Dopo una sfilata di 38 ministri maschi. Il suo nome: Marianna Madia. È incidentalmente la pronipote di Titta Madia, famoso avvocato penalista del secolo scorso, prima deputato fascista e poi deputato missino. Lei invece è parlamentare del Partito democratico e in un Paese dai governi di regola tutti al maschile e mediamente anziani deve ancora compiere 36 anni. Insieme al sottosegretario Angelo Rughetti ha già terremotato interi pezzi della burocrazia statale: per esempio imponendo ai magistrati di appendere la toga a 70 anni.

Non sazi, i due ne hanno pensata un'altra, stavolta insieme all'inquilino del Tesoro Pier Carlo Padoan. Vogliono mandare in pensione, oltre ai giudici settantenni, pure la vecchia cara abitudine di sistemare nelle società pubbliche gli amici incompetenti dei politici e i trombati alle elezioni. Così mettono a punto un provvedimento ministeriale sul riordino delle partecipazioni dello Stato, delle Regioni e degli enti locali, che contiene all'articolo 11 una pillola avvelenata. Dice che per far parte del consiglio di amministrazione di una società pubblica, fosse anche una sconosciuta municipalizzata, bisogna possedere determinati requisiti di «onorabilità, competenza e autonomia». La cosa rischia di essere indigesta, lo sanno, perché diventerebbe un problema serio per lo sport preferito dai nostri partiti: la lottizzazione. E allora si applica la «modalità ferragosto». Che prevede il varo del provvedimento a sorpresa, quando tutti hanno pensieri soltanto per i bagni al mare o le passeggiate in montagna. Giorno scelto, in questo caso, il 19 agosto. Venerdì.

Va da sé che per le società quotate in borsa certi criteri di competenza e di fedina penale sono già previsti e non è più tanto facile piazzare le proprie pedine. Non che sia proprio impossibile: anche qui, sono sempre i partiti che decidono. Ma la forma, stabiliscono le regole, dev'essere preservata. Non così nelle migliaia e migliaia di aziende pubbliche non quotate, dove da decenni succede di tutto. Ora però potrebbe cambiare lo scenario. Sono coscienti anche i suoi ideatori che quel provvedimento legislativo ministeriale, il numero 175 approvato il 19 agosto del 2016 e pubblicato sulla «Gazzetta ufficiale» dell'8 settembre, non garantirebbe l'imparzialità assoluta dei nominati e una minima conoscenza della materia, ma almeno la decenza. Ed è già qualcosa.

A questo punto resta solo una cosa da chiarire. Chi dovrebbe stabilire quali sono quei requisiti di «onorabilità, competenza e autonomia»? Il provvedimento 175, articolo 11 comma 1, prescrive che saranno scritti in un decreto del presidente del Consiglio predisposto dal ministro dell'Economia. Padoan propone, Renzi firma. E il gioco sarebbe fatto.

Ma le cose, purtroppo, si complicano ben presto. Non soltanto perché, come non era difficile immaginare, il provvedimento fatto passare alla chetichella il 19 agosto potrebbe gettare nel panico i partiti avvezzi a trattare la cosa pubblica come cosa loro. Il fatto è che quando entra in vigore siamo ormai alla fine di settembre e non c'è più la testa. Non ce l'ha il ministero dell'Economia, già alle prese con la legge finanziaria. Ma soprattutto non ce l'ha Renzi, mancando poco più di due mesi al referendum costituzionale del 4 dicembre che potrebbe cambiare il destino del Paese ma anche la sua vita. E il dossier finisce in frigorifero.

Il referendum non passa. Renzi lascia palazzo Chigi a Paolo Gentiloni, che conferma Madia e Padoan. A questo punto il gioco potrebbe ricominciare: Padoan propone e Gentiloni firma al posto di Renzi. Semplice, no? E in effetti la partita si riapre, ma al contrario. Per tornare, con uno stratagemma, al punto di partenza. Regioni, Province e Comuni hanno storto il naso. Sostengono che non possono essere esclusi dalla definizione di criteri di «onorabilità, competenza e autonomia» per le nomine delle società pubbliche, visto che fra queste società ci sono pure le loro. Su quel benedetto decreto che dovrebbe scrivere Padoan e firmare poi Gentiloni dev'esserci l'accordo di tutti. Ci si mette anche la Corte costituzionale, eccependo che in un altro provvedimento sulle nomine nella sanità non si poteva decidere senza sentire le Regioni. Risultato? Il decreto del presidente del Consiglio sui requisiti sarà sempre proposto dal ministro dell'Economia, ma «previa intesa in Conferenza unificata». È un organismo istituito nel 1997 per mettere d'accordo su certi argomenti di interesse condiviso il governo con Regioni, Province e Comuni. E con questa modifica introdotta dal governo Gentiloni i criteri di «onorabilità, competenza e autonomia» passano direttamente dal frigorifero al congelatore. Dove si trovano ancora adesso.

Com'era prevedibile, e probabilmente previsto, mettere tutti d'accordo si è rivelato impossibile. Ma non è soltanto a causa della famosa Conferenza unificata che la cosa si è arenata. Perché il governo avrebbe potuto procedere comunque a scrivere il decreto, nel caso in cui l'intesa con tutti gli altri non fosse arrivata nel termine stabilito dei 45 giorni. Se dopo sette anni, cinque governi e altrettanti ministri dell'Economia, e nonostante un provvedimento di legge l'abbia stabilito, non abbiamo ancora dei paletti per evitare casi come quello del quale stiamo parlando, la responsabilità non può essere addebitata solo alle Regioni o agli enti locali. La colpa è dei partiti: non hanno voluto rompere il giocattolo.

Si sono presi anche le fogne

Nel curriculum del giornalista Massimiliano Panero, paracadutato nel consiglio di amministrazione di Sogesid, società del Tesoro a servizio dei ministeri dell'Ambiente e delle Infrastrutture, l'incongruenza tecnica con quella nomina è lampante. Quanto a istruzione, Panero ha la maturità scientifica e un diploma di formazione politica alla scuola di Alleanza nazionale. Già addetto stampa del gruppo di An al consiglio regionale del Piemonte e dell'assessorato al Commercio, si è occupato di vini, moda, immagine e marketing territoriale. Ultimo incarico esibito, quello di amministratore delegato di Gemma srl, società che si occupa di gestire immobili propri con un fatturato (il più recente conosciuto è del 2019, dopo di che la banca dati di Infocamere non contiene altri bilanci pubblicati) di 76.000 euro. Azionista al 100 per cento risulta Stefania Colombo, già capolista per la Fiamma tricolore alle elezioni del comune di Alluvioni Cambiò del 2013, in provincia di Alessandria. Lista nella quale figurava anche Panero, in seguito ispiratore della formazione Destre unite con CasaPound per le elezioni europee del 2019. Programma politico: fuori dall'euro e dall'Unione europea.

Ci credereste? Dall'uscita dall'euro all'entrata nel consiglio di amministrazione di una società pubblica di uno Stato fondatore dell'Unione europea e della moneta «comune», come la chiamava Carlo Azeglio Ciampi, il passo è stato brevissimo. Oltre a un giornalista considerato vicino a CasaPound mancava però nel consiglio di amministrazione della Sogesid, acronimo che sta per «Società di gestione degli impianti idrici», una brava avvocata cassazionista con inclinazione per la criminologia. Il suo nome: Ernestina Sicilia. È una professionista molto apprezzata in Forza Italia, partito del quale è stata coordinatrice nella città di Brindisi.

Ma non si dica che in un'azienda del genere non abbiano trovato posto persone dotate di una qualche affinità tecnica. Amministratore delegato è l'ingegnere Errico Stravato, già dirigente di Roma Capitale, in auge come capo dell'urbanistica con Gianni Alemanno sindaco. Cambiata l'amministrazione, anche quella sua esperienza si è conclusa e Stravato ha lasciato il Comune. Da allora è direttore tecnico della Gesvim srl, società immobiliare impegnata in vari progetti. Fra questi c'era anche lo stadio della Roma calcio, all'epoca di Luca Parnasi. La proprietà è coniugale. Della Gesvim lui ha il 45 per cento. Mentre il restante 55 è di sua moglie. Compreso il 10 per cento appartenuto all'imprenditore Ugo Luini, consigliere della fondazione Nuova Italia di Alemanno, e da lei acquistato nel novembre 2015. Di conseguenza sostenere che il nuovo amministratore delegato sia arrivato alla Sogesid esclusivamente sulla base di considerazioni professionali sarebbe fare un torto al potere d'influenza di Fratelli d'Italia nelle nomine pubbliche.

Ragionamento valido anche per il presidente Roberto Mantovanelli, altro ingegnere. Ma lui almeno un'esperienza nel settore in cui opera Sogesid ce l'ha. È presidente di Acque Veronesi, azienda pubblica controllata dalla città di Verona e da altri Comuni della Provincia. Intervistato il 5 maggio 2022 da Matteo Scolari del giornale online «Daily Edizione di Verona» ha confidato: «Ho sempre avuto la tessera della Lega, di cui condivido al 100 per cento i valori». Precisazione inutile. L'ingegner Mantovanelli si è candidato alle elezioni comunali del 2022 come vicesindaco in quota salviniana del primo cittadino uscente di Fratelli d'Italia Federico Sboarina. Gli elettori li hanno bocciati entrambi. Ma il sacrificio non meritava una gratifica?

La destra si prende anche le fogne ha titolato «Fanpage» il 25 agosto 2023. Per dire quanto i Fratelli d'Italia abbiano esagerato con l'occupazione dei posti pubblici, la nomina del commissario governativo per la depurazione delle acque reflue ha fatto infuriare perfino Renato Schifani. Presidente di una Regione, quella siciliana, che pure in materia di lottizzazione negli incarichi pubblici non prende lezioni da nessuno, non ce l'ha fatta a trattenersi: «Si è passati dal professor Maurizio Giugni, ordinario di ingegneria idraulica e quindi dotato di altissima competenza e preparazione sul delicatissimo settore che vede la Sicilia particolarmente coinvolta, a un ex parlamentare senza alcuna preparazione specifica». Un giudizio categorico, ma non del tutto preciso.

Il bersaglio del suo siluro è Fabio Fatuzzo, siciliano, classe 1951, ex pezzo da novanta del Movimento sociale. Laureato in filosofia, ha insegnato storia e italiano alle scuole tecniche. Cinque anni alla Camera con Alleanza nazionale dal 2001, poi direttore generale e quindi presidente della società che gestisce i servizi idrici di Catania per nomina dell'ex sindaco Salvo Pogliese, senatore e segretario regionale di Fratelli d'Italia. I risultati della gestione saranno stati forse discutibili, a giudicare dalla qualità del servizio e dai suoi costi. Ma che il meloniano Fatuzzo abbia un qualche pregresso idrico non si può negare.

La ragione vera del risentimento schifaniano è che il presidente della Regione siciliana avrebbe voluto vedere su quella poltrona l'ex sindaco di Acquedolci Ciro Gallo, pupillo del senatore ex forzista e ora leghista Antonino Salvatore Germanà, detto Nino. Che a dire il vero si sarebbe già dovuto insediare, visto che il governo di Giorgia Meloni l'aveva nominato il 22 giugno 2023 per quell'incarico. Salvo poi sfilarglielo per dirottarlo su Fatuzzo, che a differenza di Gallo ha dalla sua uno degli uomini più potenti del governo: il ministro delle Imprese e del Made in Italy Adolfo Urso, con cui più di dieci anni fa ha lanciato il movimento Fare Italia, poi confluito nel partito di Giorgia Meloni.

Trattandosi di un incarico molto impegnativo, inoltre, l'ex deputato di An non può che operare affiancato da due vicecommissari. Il primo è l'avvocato Salvatore «Totò» Cordaro, ex assessore all'Ambiente della precedente giunta regionale siciliana presieduta dal ministro di Fratelli d'Italia Sebastiano «Nello» Musumeci. Il secondo è il commercialista Antonino Daffinà. Descritto come un fedelissimo del presidente della Regione Calabria Roberto Occhiuto, ha provato a farsi eleggere con Forza Italia in Senato nel 2018 e al consiglio regionale nel 2020. Non ci è riuscito. E quindi eccolo subcommissario governativo alle acque fognarie siciliane.

Molto opportunamente, raccontando questa storia, è stato fatto notare da più parti che dall'altro lato politico non accadono cose così differenti. Tanto che il tecnico professor Giugni era anch'egli affiancato da un subcommissario di emanazione partitica. Stefano Vaccari: ex sindaco di Nonantola (15.000 abitanti nel Modenese) con un diploma di istituto tecnico informatico alle spalle, ex assessore alla Provincia di Modena ed ex onorevole del Pd, sconfitto alle politiche del 2018 in terra emiliana da un leghista. Per un paio d'anni fa il responsabile comunicazione di una cooperativa. Ma in attesa di un incarico pubblico, puntualmente arrivato a maggio 2020 con il governo amico, quello giallorosso di Giuseppe Conte. E dopo quel parcheggio, chissà quanto oneroso, il rientro in Parlamento grazie al voto del 25 settembre 2022.

La sconfitta di Draghi

Mario Draghi, che ne ha viste di tutti i colori, entrando a palazzo Chigi all'inizio del 2021 era stato molto chiaro. Per le nomine pubbliche si doveva evitare di dare supinamente seguito alle segnalazioni dei partiti su politici trombati alle elezioni o rimasti senza seggio per altre ragioni. In verità non ci sarebbe stato neppure bisogno di chiarirlo. Perché le nomine passavano per le mani del suo consigliere economico Francesco Giavazzi, con il quale la sintonia era perfetta. E alla prima occasione se n'è avuta la prova. Fra le svariate partecipazioni del Tesoro c'è il 100 per cento del Gestore dei servizi energetici, o Gse. Capofila di un gruppo pubblico con più di 1500 dipendenti, gli sono affidati compiti cruciali, in un Paese come l'Italia che deve traghettare il sistema quanto più possibile verso le fonti rinnovabili. Come, per esempio, gestire i miliardi di incentivi per la produzione eolica e fotovoltaica. Peccato che il primo governo di Giuseppe Conte, frutto dell'alleanza fra Movimento 5 Stelle e Lega, avesse combinato un bel pasticcio con le nomine ai vertici di quella società. Il presidente Francesco Vetrò, sostenuto dai salviniani, e l'amministratore delegato Roberto Moneta, sponsorizzato dai grillini, non si sopportavano. Il clima in azienda era diventato in breve talmente irrespirabile da far pendere la bilancia verso una soluzione drastica: il commissariamento. Continuando a litigare, i due avevano però salvato il posto grazie alla pandemia. E con loro anche la terza componente del consiglio di amministrazione, l'incolpevole Laura Bajardelli.

Fino alla decisione di mandare tutti a casa, presa da Draghi. Sostituendo il consiglio di tre membri con un amministratore unico anziché il commissario. Ricordate quel provvedimento legislativo numero 175 di cui si è detto all'inizio di questo capitolo? Ebbene, nello stesso articolo che parla dei famosi requisiti di «onorabilità, competenza e autonomia» mai introdotti, c'è un comma nel quale si stabilisce che il vertice «delle società a controllo pubblico è costituito, di norma, da un amministratore unico». E questo taglia la testa al toro. La scelta cade su un manager di indiscussa competenza e provata indipendenza, qualità già sperimentate in altri numerosi incarichi pubblici: Andrea Ripa di Meana.

Sono i primi giorni di agosto 2021. L'Italia è ancora in subbuglio per il Covid e forse i partiti non hanno ben realizzato la portata del cambiamento. Ma impiegheranno assai poco per rimettere le cose a posto, ovviamente dal loro punto di vista, appena Draghi avrà tolto il disturbo.

Tocca proprio a Ripa di Meana il ruolo di prima vittima della restaurazione. Accade senza alcun preavviso, a freddo, un giorno di inizio marzo 2023. L'assemblea degli azionisti del Gse, che poi sarebbe il Tesoro del ministro leghista Giancarlo Giorgetti, già ministro dello Sviluppo nel governo Draghi, azzera l'amministratore unico voluto da Draghi e ripristina il consiglio di amministrazione. Non più composto da tre persone, com'era prima della nomina di Ripa di Meana, ma da ben cinque membri. Glielo consente ancora il decreto legislativo 175 del 2016. È vero, precisa, che «di norma» nelle società pubbliche c'è un solo amministratore. Però in casi di necessità motivati, aggiunge, si può continuare a utilizzare un consiglio di amministrazione a tre o a cinque. E quali sarebbero in questo caso le necessità appare subito evidente. Alla presidenza ritorna uno che era già consigliere del Gse vent'anni prima, quando era sindaco di Calolziocorte nonché, in contemporanea, consigliere della Provincia di Lecco: l'ingegner Paolo Arrigoni. Uno e trino. Responsabile energia della Lega salviniana, alle politiche di settembre 2022 ha perso il seggio in Senato occupato per quasi dieci anni. Ora si dovrà accontentare di un solo scranno. Ma di livello.

Nelle aziende pubbliche vanno rispettate però anche le quote di genere, con un terzo almeno dei posti riservato alle donne. Così almeno dice la legge. Uno di questi, allora, non può che andare a Roberta Toffanin, senatrice di Forza Italia tagliata fuori da palazzo Madama come Arrigoni alle ultime politiche, imprenditrice con una quota di minoranza nella legatoria di famiglia nonché ex vicepresidente del Politecnico calzaturiero del Veneto. E per completare la fetta destinata al genere femminile nel Cda del gruppo energetico pubblico, occupa la casella spettante a Fratelli d'Italia l'avvocata Caterina Belletti, che mantiene anche la presidenza dell'Azienda provinciale trasporti di Gorizia. Pronta ad assumersi in aggiunta, di lì a poco, la gravosa responsabilità di consigliera d'amministrazione di Trenitalia. Dove l'offensiva salviniana non ha risparmiato sforzi. L'ultimo giro di nomine, a maggio 2023, ha fatto conquistare alle truppe leghiste due posti su cinque nel Cda della società di trasporto delle Ferrovie dello Stato. Uno è per Paolo Colombo, ex deputato leghista della prim'ora entrato nel 1996 alla Camera. Molta acqua, da allora, ha visto passare sotto i ponti del Po, fiume sacro al Carroccio, e l'esperienza nel settore non gli fa difetto, tanto da essere stato collocato alla presidenza di Federtrasporto.

L'altro posto è per la giornalista Federica Zanella. Ha dovuto lasciare la Camera dei deputati nell'ottobre 2022. Candidata a Milano alle politiche di settembre, il destino le si è manifestato avverso. Era entrata a Montecitorio con Forza Italia, che l'aveva fatta eleggere nel 2018, ma poi ha traslocato alla Lega di Salvini. I suoi punti di forza per l'incarico in materia di rotaie, oltre ad aver fatto parte della commissione Trasporti? Laurea in lettere classiche con indirizzo archeologico, ha lavorato anche a «Tuttosport», Milan Channel, Rtl 102,5, Ansa e Telelombardia. Si dichiara «imprenditrice del settore comunicazione». Ci voleva. Per un'azienda come Trenitalia, che dovrebbe far marciare i treni più in orario, la comunicazione è decisamente il tallone d'Achille.

Quanto a Rete ferroviaria italiana, l'altra società controllata delle Ferrovie dello Stato che è anche la principale impresa italiana destinataria dei fondi europei del Piano nazionale di ripresa e resilienza (Pnrr), la frequenza dei guasti consiglierebbe di affidarsi a tecnici espertissimi nel ramo. Evidentemente consci della problematica, dal ministero delle Infrastrutture hanno inviato nel consiglio di amministrazione il viceresponsabile del dipartimento Trasporti di Fratelli d'Italia Manolo Cipolla, già assessore al Comune di Palestrina nonché presidente del consiglio comunale di Palombara Sabina. In aggiunta alla ex sindaca di Lecco Antonella Faggi, già titolare di un seggio della Lega in Senato. Da dove, nell'ottobre 2022, è stata costretta a sloggiare causa sconfitta elettorale.

Una bella scossa energetica

Il caso del Gse insegna. Le aziende pubbliche energetiche sono da sempre uno dei terreni privilegiati della lottizzazione. Così lontane dai riflettori che offrono una gamma infinita di possibilità. Non ci credete? Nel 2009 arriva al Gse un ex dirigente della Regione siciliana. Un personaggio speciale. Silvio Liotta ha un vecchio credito da riscuotere: eletto nel 1996 con il centrodestra, passa subito al centrosinistra ma due anni dopo dà il proprio contributo alla caduta del primo governo di Romano Prodi e poi ritorna nel centrodestra. La riconoscenza a scoppio ritardato lo proietta alla vicepresidenza del Gse.

Ma anche della sua controllata Acquirente unico, la società che ha il compito di gestire gli approvvigionamenti di energia alle fasce sociali protette. Dove era già transitato l'onorevole leghista Raffaele Volpi, in seguito sottosegretario alla Difesa nel primo governo Conte, catapultato provvidenzialmente lì alla vigilia delle fallimentari politiche del 2006; salvo poi dimettersi due anni dopo, una volta eletto alla Camera.

E dove Liotta trova alla presidenza Diego Maria Berruti, fratello di Massimo Maria Berruti, deputato forzista e avvocato della Fininvest. Quella poltrona verrà poi assegnata all'ex radicale ed ex parlamentare di Forza Italia Paolo Vigevano e in seguito ad Andrea Peruzy, per quindici anni segretario generale della fondazione Italianieuropei ideata e animata dall'ex premier Massimo D'Alema. A Peruzy succede nell'incarico di presidente e amministratore delegato, per nomina nel 2020 da parte del secondo governo Conte, Filippo Bubbico: presidente della Regione Basilicata, sottosegretario allo Sviluppo e viceministro dell'Interno, candidato senza fortuna nel 2018 con Liberi e Uguali. Contestualmente, Peruzy è dirottato alla presidenza dell'altra società controllata del Gse. È il Gestore del mercato elettrico, la borsa dell'elettricità presieduta al suo battesimo dall'ex deputato Dc Enzo Berlanda, e che ha visto in seguito avvicendarsi alla vicepresidenza l'ex commissario di Forza Italia a Reggio Calabria, Antonino Foti, e Gildo De Gianni, ex assessore leghista alla Provincia di Sondrio.

Una sarabanda senza senso di politici di ogni schieramento, tutti ovviamente cultori della materia. Ma si va avanti, nella più totale indifferenza. Via dal governo la sinistra, e benvenuta la destra: fuori dunque Bubbico e dentro Rocco Giuseppe Moles, già assistente di Antonio Martino, ex ministro nonché tessera numero 2 di Forza Italia. Moles a sua volta è stato parlamentare e sottosegretario azzurro con delega all'editoria nel governo Draghi, ma rimasto privo di seggio.

L'assalto alle società quotate

La regola è non farsi mai scappare l'occasione. Qualunque essa sia. Anche se si chiama PagoPa, la società statale che gestisce la piattaforma per i pagamenti alle pubbliche amministrazioni. Lì hanno rispettato la regola aurea dell'amministratore unico, mettendoci Alessandro Moricca, collaboratore della «Voce del Patriota» in perfetta sintonia con il potentissimo sottosegretario alla presidenza Giovanbattista Fazzolari. E non mollano la presa neppure sulle società quotate in borsa.

Alessandro Zehentner è un sociologo che ha lavorato anche fuori dall'Italia in diverse multinazionali. Ma come sia finito lui nella lista del Tesoro per il consiglio di amministrazione dell'Enel, anziché altri manager con esperienze simili e magari più attinenti alla corrente elettrica, si spiega probabilmente con un fatto del tutto estraneo ai suoi precedenti professionali. È che Zehentner si era candidato al Senato nel 2022 per la coalizione del centrodestra, circoscrizione estero. Ma non ce l'ha fatta.

Al fisico Roberto Cingolani, già direttore scientifico dell'Istituto italiano di tecnologia, tanto caro ai grillini da guadagnarsi il grado di ministro della Transizione ecologica con Draghi, è invece stato sufficiente il salto della barricata. In un amen è passato dal governo cui Giorgia Meloni faceva opposizione dura e pura al ruolo di consigliere energetico della medesima Meloni. Giusto il tempo per scaldarsi i muscoli e prendersi il posto di amministratore delegato di Leonardo. Potere e denaro. Il potere è tanto, il denaro tantissimo. Il suo predecessore, Alessandro Profumo, superava il milione e mezzo l'anno (ma dava 660.000 euro in beneficenza). L'avrebbe mai immaginato, Cingolani?

Gli è andata decisamente meglio che a uno dei tanti frequentatori di apparati pubblici folgorati sulla via della Scrofa 39, sede di Fratelli d'Italia. Cioè Stefano Donnarumma. Ai grillini piaceva così tanto che Virginia Raggi l'aveva chiamato per gestire l'Acea, la municipalizzata di Roma che è anche la più grande d'Italia. Non contenti, dall'Acea l'avevano spinto fino a Terna. Poi però l'aria è cambiata. Così, un bel giorno di aprile del 2022, Donnarumma è stato avvistato alla conferenza programmatica «Italia, energia da liberare» organizzata dal partito di Giorgia Meloni. Capace di folgorare chi l'aveva folgorato. E quando è arrivato il momento di indicare l'amministratore delegato dell'Enel, per la leader di Fratelli d'Italia il nome era soltanto uno. Il suo.

Ma siccome in politica non è raro che una faccenda imbocchi contro ogni logica apparente la direzione contraria a quella che sembrava segnata, torna alla mente un episodio. Meglio, una telefonata. Nel dicembre 1989 il capo dello Stato Francesco Cossiga chiama Lorenzo Necci. Vuole complimentarsi per la nomina alla presidenza dell'Eni, che perfino lui dà per fatta. Ma in extremis gli accordi fra Giulio Andreotti e Bettino Craxi stravolgono anche le decisioni già acquisite dal Quirinale. All'Iri l'andreottiano Franco Nobili, all'Eni il craxiano Gabriele Cagliari.

Stesso destino per Donnarumma, anche senza telefonata dal presidente della Repubblica. Sicuro di passare da Terna all'Enel, si ritrova con un pugno di mosche in mano. Smaltita la delusione, alla fine di luglio 2023 mette su una società di consulenza: Donnarumma & Partners.

Mentre c'è chi al contrario la chiude, una società. Ma non di consulenza. La Fungo Puglia Rutigliano srl, ditta che senza dubbio alcuno operava nel settore delle coltivazioni micologiche, era in liquidazione già da qualche anno e viene sepolta formalmente il 23 marzo 2023. Quando uno dei suoi azionisti, l'ex deputato leghista Trifone Altieri detto Nuccio, laureato in scienze politiche, si appresta a ricevere la nomina nel consiglio di amministrazione di Leonardo, la holding pubblica degli armamenti. Proprio al culmine di una vicenda che potrebbe essere d'insegnamento per capire le dinamiche di certe carriere politiche.

Come molti giovani, anche Trifone detto Nuccio è alle prese con il servizio militare. Corre l'anno 1999 e la naja non è ancora stata abolita. Uno strazio. Ma, dovendo farla, meglio con i gradi che senza. Il suo correlatore della tesi di laurea in scienze politiche alla Luiss, poi, non è forse un generale? Giuseppe Cucchi, nientemeno: figlio del deputato comunista Aldo Cucchi, futuro consigliere del ministro della Difesa Arturo Parisi nel 2006 nonché direttore dei servizi segreti.

Con un simile pedigree accademico e le mostrine da ufficiale di complemento dell'aeronautica, le porte del ministero della Difesa si schiudono per Altieri senza difficoltà. Prima con il centrosinistra, poi con il centrodestra. Per sei anni. Durante i quali, fra l'ufficio stampa del sottosegretario e le missioni all'estero, riesce pure a farsi eleggere con Forza Italia nel consiglio provinciale di Bari. Ma dopo nove anni anche la Provincia comincia a stargli stretta e allora si candida alla Camera nel 2013. Fallisce. Poi, però, ecco il colpo di fortuna. Antonio Leone, che lo precedeva in lista, va al Consiglio superiore della magistratura e gli lascia il seggio. Nemmeno il tempo di prendere le misure, e molla il partito di Silvio Berlusconi per Direzione Italia. La mossa non paga. Il movimento del pugliese Raffaele Fitto ha il fiato corto, mentre i sondaggi per la Lega vanno alla grande. Ecco allora l'ex giovane Altieri alla corte di Matteo Salvini, che lo candida a Monopoli alle politiche del 2018. Per un secondo flop. E stavolta nessuno gli lascia il seggio. Ma un posto comunque glielo garantisce il suo nuovo partito: la presidenza di Invimit, società del Tesoro che ha il compito di valorizzare gli immobili pubblici. Sopravvive anche al cambio di maggioranza e all'arrivo di

Mario Draghi, il cui governo lo conferma nell'incarico. Incredibilmente, viste le direttive che il presidente del Consiglio ha dato sulle nomine pubbliche. Ancora più inaudito, tuttavia, è che a un ex politico già seduto sulla poltrona di un'azienda pubblica ne venga offerta contemporaneamente anche una seconda. E non una qualsiasi: il consiglio di amministrazione di una holding di alta tecnologia militare. Ma volete che uno con quei trascorsi fra le stellette non avesse qualche buona carta da giocare anche qui? Basta dire che per otto anni, dal 2006 al 2014, il nostro ha curato le relazioni istituzionali per la Selex. Del gruppo Leonardo, appunto.

Dopo il caso più unico che raro di un politico trombato alle elezioni meritevole di una doppia dose di risarcimento a carico di due diverse aziende di Stato, ecco un altro caso più unico che raro di un politico risarcito con due posti pubblici per non essere stato neppure candidato. Sicuro di entrare nella lista vincente di Fratelli d'Italia, l'ex presidente della multiutility aretina Estra, Francesco Macrì, ha trovato la strada sbarrata da una inchiesta giudiziaria che l'avrebbe successivamente scagionato. Ma troppo tardi. Le elezioni politiche erano passate ormai da cinque mesi. Smacco sufficiente per meritare anch'egli un posto nel consiglio di amministrazione di Leonardo. E siccome nel 2021 era stato costretto a lasciare la presidenza della società municipalizzata Estra dall'autorità Anticorruzione, che aveva ritenuto illegittima la sua nomina avvenuta nel 2016 perché Macrì era stato fino a quel momento consigliere comunale, gli spettava un indennizzo bis. Con l'aggiunta della rivincita: un paio di mesi dopo la nomina a Leonardo ha riavuto infatti anche il posto di presidente esecutivo di Estra. Perché tutto è bene quel che finisce bene.

Dalle Poste alla Rai

E le Poste? Già colonizzate dai sindacati, con l'ex capo dei postini della Cisl Giovanni Ialongo che alla soglia degli 80 anni festeggia il diciassettesimo compleanno da presidente della controllata Postel, potevano essere risparmiate almeno dai politici? Macché. Non sarebbe stato corretto, in confronto alle altre holding pubbliche quotate in borsa. La Lega ha così pensato bene di lasciare una impronta ben visibile nel nuovo consiglio di amministrazione con Paolo Marchioni, ex sindaco di Omegna sconfitto nel 2022 alle comunali.

Sorvoliamo su altre tracce apparentemente minori. Come la nomina di Pamela Morassi, responsabile della segreteria del ministro dell'Economia leghista Giancarlo Giorgetti, nel consiglio di Poste Air Cargo. È la compagnia aerea postale erede della Mistral Air dell'attore Bud Spencer che le Poste avevano comprato anni fa. Il nuovo corso meloniano ha affidato la cloche al generale Maurizio De Rinaldis, già comandante delle Frecce tricolori, collocato alla presidenza.

Contrariamente al costume imperante di promuovere qualche ex trombato, da palazzo Chigi è poi arrivato nel consiglio di amministrazione di Postepay Emilio Scalfarotto. Dirigente del comune di Fiumicino, fa parte dell'assemblea nazionale di Fratelli d'Italia. Ma non è per questo che gli spetta un incarico nel gruppo guidato da Matteo Del Fante. È che Scalfarotto alla presidenza del Consiglio risulta essere il braccio destro del politico più potente dopo Giorgia Meloni: il sottosegretario Giovanbattista Fazzolari.

E la Rai? Quella è lottizzata per legge, lo sanno tutti. Quanto accade ai vertici delle reti, alla conduzione dei programmi e nelle testate giornalistiche sconfina dalla cronaca alla letteratura. Dunque non può stupire la nomina alla direzione del giornale radio di un giornalista ex parlamentare con il centrodestra per due legislature. Piazzato su quella poltrona, Francesco Pionati, non al posto di uno scalzacane bensì di uno dei migliori professionisti della radiotelevisione di Stato: Andrea Vianello, esiliato per ringraziamento alla tv di San Marino. Per come sono sempre andate le cose a viale Mazzini 14 sarebbe quindi tutto in linea con il rituale. Ogni volta che cambia il governo, le scosse arrivano anche ai piani alti delle testate giornalistiche della Rai. E pure lì cambiano i direttori, per assecondare i nuovi equilibri fra vincenti e perdenti. Ma così, a memoria d'uomo, è un precedente assoluto.

Pionati, classe 1958 di Avellino, non è un qualunque ex. Arriva alla Rai nel 1983 con una borsa di studio. Ma essere assunti al Tg1 non è facile, a meno di non avere qualche santo in paradiso. E ne ha più d'uno. Intanto è il figlio dell'ex sindaco di Avellino ai tempi del terremoto dell'Irpinia Giovanni Pionati, democristiano. Il caso vuole pure che in quegli anni la Democrazia cristiana sia saldamente nelle mani del leader avellinese della sinistra Ciriaco De Mita. Al Tg1 Pionati junior si rivela indiscusso specialista del pastone politico, la marmellata di dichiarazioni sapientemente dosata con il bilancino del potere che accompagna le notizie dal palazzo. E la candidatura alle elezioni politiche nel 2006 con i democristiani dell'Unione di centro è inevitabile. Fallisce il colpo, ma lo salva il «Porcellum», l'indecente legge elettorale con le liste bloccate. Alle urne si classifica secondo, ma siccome il primo è Salvatore «Totò» Cuffaro, che preferisce restarsene a comandare la Sicilia, il suo seggio lo prende Pionati. Rieletto alla Camera nel 2008, neppure lui resiste alla tentazione di girovagare per il centrodestra che coglie molti democristiani. Si fa pure un proprio partito, Alleanza di centro per la libertà, che si presenta alle regionali del 2010 raccogliendo una manciatina di voti. Ostinato, e dopo aver ripreso il posto al Tg1, cambia nome al partito, che diventa Alleanza di centro per i territori. Ma non funziona: la merce è sempre la stessa. Le regionali del 2020 sono un flop memorabile, e le comunali di Napoli non vanno meglio. Allora getta alle ortiche il suo micropartito, e sempre mantenendo il posto nella tv pubblica entra nell'ufficio di presidenza e nel comitato direttivo di Noi con l'Italia, la quarta gambetta della coalizione guidata da Giorgia Meloni che governa l'Italia dall'ottobre 2022. E soffia il posto a Vianello. Riassumiamo: uno dei capi di un partito che è al governo viene nominato direttore del giornale radio dell'azienda di Stato. Modalità assolutamente nuova nel rodato meccanismo di occupazione dell'informazione pubblica.

Quanto alla lottizzazione ordinaria, non tutti sanno che perfino in una società pubblica lottizzata per legge si può lottizzare anche di più. Ai piani bassi. Basta leggere il titolo del giornale online «SalernoToday»: *Forza Italia premia la fedeltà di Lello Ciccone: incarico nel cda di Rai way*. Perché fedeltà dev'essere, senza se e senza ma, per farsi trombare tre volte alle elezioni con lo stesso partito: due volte alle regionali del 2015 e del 2020 e pure alle politiche del 2018. Sfuggite tutte quelle poltrone, non aveva forse diritto a uno strapuntino il fedelissimo avvocato Romano Ciccone, quando se n'è presentata l'occasione? Già. Ma proprio nella società degli impianti televisivi, l'unica quotata in borsa del gruppo Rai?

Dalla Consap al Poligrafico

Tutto fa brodo, ovvio. Per il riciclaggio dei trombati, in ogni caso, è decisamente meglio il classico. Non ci sono riflettori, né azionisti bizzosi che magari in assemblea alzano la mano e poi fanno domande imbarazzanti. Come già qualche volta è successo. Il classico per eccellenza si chiama Consap. È la società assicurativa pubblica erede, dalla privatizzazione dell'Ina, delle funzioni che non c'entrano un fico secco con il mercato. Come gli indennizzi nel caso di mancata copertura assicurativa o degli incidenti di caccia. Regno dorato di Mauro Masi per una dozzina d'anni dopo il suo avvicendamento con Lorenza Lei alla Rai, il piccolo trono dell'ex direttore generale della tv di Stato berlusconiana è stato assegnato per continuità di fede a Sestino Giacomoni.

Collaboratore del ministro per le Attività produttive Antonio Marzano, dopo un rapido apprendistato aveva rapidamente scalato i gradini del funzionariato politico guadagnandosi un posto di prima fila dietro il Cavaliere. Per anni non c'è stato obiettivo o telecamera a inquadrare Silvio Berlusconi in una qualsiasi circostanza pubblica che non riprendesse anche Sestino Giacomoni diligentemente alle sue spalle. Fedeltà e vicinanza al fondatore di Forza Italia gli hanno fruttato quattro legislature alla Camera. Ma il cerchio magico era evidentemente più stretto, e lui non ci sarebbe mai entrato. In caso contrario, alle elezioni del 2022 non lo avrebbero messo in lista al terzo posto consegnandolo a una pressoché sicura bocciatura.

A offrirgli una sistemazione provvisoria ci pensa il ministro degli Esteri Antonio Tajani, che lo assume come consigliere. Giusto in attesa che si liberi uno scranno consono al lignaggio di un ex quattro legislature acquisito sul campo. Un posto da presidente di società pubblica, con ufficio di rango, segreteria e macchina con autista.

Lui sì che può. A differenza dell'ex deputato leghista Antonio Zennaro, al quale è stata riservata alla Consap una seggiola da semplice consigliere. Un premio adeguato al sacrificio, per uno che già aveva dato prova di ardimento lasciando il Movimento 5 Stelle, nelle cui liste era stato eletto nel 2018, per le armate salviniane. Alle ultime elezioni aveva accettato di immolarsi per una candidatura di bandiera, in una posizione tale da garantire l'impossibilità di venire rieletto. Ma sufficiente per passare successivamente all'incasso.

E dato che nelle società pubbliche c'è sempre il solito problema delle quote rosa, ecco nel consiglio Consap l'ex consigliera regionale della Lega in Lombardia Francesca Ceruti.

Un altro classico è il Poligrafico dello Stato. Stampa passaporti, sigilli, carte d'identità, la «Gazzetta ufficiale», i permessi di soggiorno... Ideale per un ex sindaco come il bocconiano Paolo Perrone. Per dieci anni guida con una giunta di destra la città di Lecce. Un sondaggio del «Sole 24 ore» nel 2016 gli tributa l'onore di sindaco più amato d'Italia. L'anno seguente, però, i leccesi ne scelgono uno della parte avversa, Carlo Salvemini. Perrone del resto ha già fatto due mandati e non si è potuto ricandidare. Ora medita il salto al livello superiore. Si presenta alle politiche del 2018 con Fratelli d'Italia, ma non passa. La botta è tremenda. Chi pensava che si fosse eclissato, tuttavia, cinque anni dopo deve ricredersi. Giorgia Meloni lo incorona presidente del Poligrafico, e come benefit ci aggiunge un posto nel consiglio di amministrazione della Treccani.

Non è il solo. Al Poligrafico tre consiglieri su cinque nominati dal governo più di destra della storia repubblicana sono di diretta emanazione politica. C'è Stella Mele, esponente di stretta osservanza meloniana, ex vicepresidente del consiglio comunale di Barletta. E c'è Stefano Corti, ex senatore della Lega approdato a palazzo Madama nel 2019 grazie a una vicenda rocambolesca. Il suo posto era stato occupato da un candidato della sinistra, il chimico Edoardo «Edo» Patriarca. Al collegio uninominale di Modena l'aveva battuto per sole 38 preferenze. Uno scarto troppo piccolo per non pretendere un riconteggio dei voti. Ma il primo riconteggio dà ragione a Patriarca e la cosa si chiuderebbe lì. Poi salta fuori che ci sono tre sezioni a Modena, Sassuolo e Vignola con un sacco di schede bianche e nulle il cui numero è solo annotato nei verbali senza che le schede siano state messe fisicamente nelle buste. Allora si chiede agli uffici competenti di recuperarle. E in effetti vengono recuperate, ma con un'altra sorpresa. Dai pacchi delle bianche e nulle spuntano pure alcune schede valide, mai conteggiate. Alla fine si scopre che Patriarca avrebbe ottenuto 183 voti in più, ma pure che a Corti ne sarebbero stati attribuiti 276 in meno. Il succo è che 276 meno 183 e meno 38 fa 55. Appunto i voti che il leghista ha ricevuto in più rispetto al suo avversario di sinistra. Così il 31 luglio 2019 Corti prende il posto di Patriarca in Senato. Anche se non brevissimo, gli rimane uno scampolo di legislatura e lui sente di avere il diritto di riprovare ad averne una intera. Si ricandida nelle liste leghiste in Emilia-Romagna per il 25 settembre 2022 ma non ha fortuna. E stavolta non c'è riconteggio che tenga. Il partito lo consola con una poltroncina al Poligrafico, sulla quale il titolare della «Passione Fuoco di Corti Stefano», ditta individuale di commercio al dettaglio di stufe e camini a Sassuolo, in provincia di Modena, si assesta il 17 maggio 2023.

Dalla banca alla banda (larga)

Un classico erano pure le banche, all'epoca in cui le controllava la mano pubblica. Trent'anni fa. Ma da quando qualcuna di esse è tornata nell'alveo dello Stato il delicato aroma della lottizzazione politica si può nuovamente apprezzare. Arriva così alla presidenza del Mediocredito centrale Banca del Mezzogiorno, holding di Invitalia che controlla la Banca popolare di Bari e la Cassa di risparmio di Orvieto, Ferruccio Ferranti. Proprio lui, in passato socio in affari del ministro finiano Andrea Ronchi in un locale a Roma, che negli anni ruggenti del berlusconismo ha sempre avuto incarichi gestionali di vertice in società pubbliche: Consip, Sviluppo Italia (la attuale Invitalia), Poligrafico… Eccolo di nuovo in campo. Con l'incombenza supplementare di tenere compagnia a Perrone nel consiglio di amministrazione della Treccani.

Ma almeno non appartiene alla categoria dei politici trombati. Né lui, né un altro consigliere del nuovo corso del Mediocredito centrale: l'avvocato Stefano Bertollini, in un lontano passato sindaco di Anzio, poi consigliere del Gestore dei servizi energetici e ora consulente del ministro delle Imprese Adolfo Urso, Fratelli d'Italia.

Nemmeno Francesca Attilia Brianza, collocata dalla Lega alla presidenza di Equitalia Giustizia, è una sfortunata ex candidata al Parlamento. È l'ex vicepresidente del consiglio regionale della Lombardia e tanto basta. Jacopo Vignati, fresco di nomina nel consiglio di amministrazione della Sogin, società del Tesoro che ha già speso qualche miliardo nella impossibile impresa di smaltire le scorie nucleari anche delle centrali chiuse trentacinque anni fa, è invece l'ex segretario del partito di Salvini a Pavia.

Mentre Davide Bordoni è il coordinatore regionale laziale della Lega di Salvini: nell'estate 2023 ha rilevato in quell'incarico il sottosegretario al Lavoro Claudio Durigon. Perché è stato nominato dal ministro dell'Economia Giancarlo Giorgetti amministratore unico di Ram, la società Rete autostrade mediterranee inutilmente concepita per trasferire il traffico dei Tir sui traghetti? Forse per far stipendiare dai contribuenti con 120.000 euro l'anno un proprio funzionario? Malignità. Boh. Di sicuro la società pubblica Ram, amministrata da un funzionario leghista che il ministro ha poi candidato alle europee, ha sponsorizzato (mezzo milione?) il tour «Italia del Sì» del medesimo ministro impegnato a spiegare quanti soldi spenderà in opere pubbliche, facendo tappa in tutte le regioni dove si è votato. Ma prima del voto. La volata, a Messina il 31 maggio 2024, a otto giorni dalle europee, per descrivere le mirabilie del Ponte sullo Stretto: ormai la sua ossessione. Nel consiglio di amministrazione della società concessionaria, per cui ha richiamato in servizio il vecchio amministratore delegato Pietro Ciucci, ha ricavato anche un posto per il commissario del suo partito in Calabria. Quelli di Francesco Giacomo Saccomanno saranno gli occhi (e le orecchie) di Matteo.

Ma qualcosa dall'«operazione ponte» ha ricavato anche il notaio Alfredo Maria Becchetti che incidentalmente ha certificato con un proprio atto la resurrezione della concessionaria Stretto di Messina spa. Non c'era altro sistema per consentire una rapida ripartenza dell'affare da 15 miliardi in sintonia con la campagna elettorale delle elezioni europee 2024. Ma ci voleva un miracolo, e per quello ci ha pensato Vincenzo Fortunato, ex capo di gabinetto di Tremonti, ma anche del ministro delle Infrastrutture Antonio Di Pietro. Nel 2013, dopo la decisione di mandare in archivio la storia del ponte, Enrico Letta l'aveva nominato commissario liquidatore della concessionaria. Ponendo per legge il limite tassativo di dodici mesi per la durata di quella procedura. Anziché un anno, Fortunato l'ha fatta durare dieci con una mossa geniale e diabolica insieme: fare causa allo Stato con la richiesta di 300 milioni e rotti spesi da Stretto di Messina spa per la progettazione e per i trent'anni di mantenimento in vita. Soldi che lo Stato le aveva già dato, per il semplice fatto che la società concessionaria è pubblica e ogni sua attività passata è stata finanziata con denari pubblici. E ora, sopravvissuta tanto a lungo anche contro la legge, il ritorno alla vita piena con rogito di Alfredo Maria Becchetti, notaio di Roma con particolare vocazione per gli atti di società e apparati pubblici, come Inps e Poste.

Senza disdegnare i partiti. Per dirne una, è il notaio che ha tenuto a battesimo la Fondazione Alleanza nazionale, il forziere di Fratelli d'Italia. Ed è anche figlio d'arte. Di due arti diverse: notarile e politica. Suo padre Paolo Becchetti, notaio come lui e suo fratello Enzo, è stato parlamentare di Forza Italia all'inizio dell'epoca berlusconiana dal 1994, e fino al 2001. Alfredo sta invece con la Lega di Salvini: era coordinatore del partito a Roma, poi ha passato la mano al Davide Bordoni di cui sopra per candidarsi alle politiche del 2022. La sorte non l'ha aiutato. E allora si è dovuto impegnare Matteo in persona a procurargli un'adeguata via d'uscita. L'Inail potrebbe andare? Certo che sì. È una nomina di serie A. Se però la faccenda non si complicasse: l'incarico glielo soffia Fabrizio D'Ascenzo. Sponsorizzato, sussurrano i retroscenisti, nientemeno che dal cognato della presidente del Consiglio Francesco Lollobrigida.

A quel punto non resta che ripiegare sulla serie B, già piuttosto affollata. Certo non è paragonabile all'Inail, ma la presidenza di Infratel, società del gruppo statale Invitalia per la banda larga, non è comunque da buttar via. A farlo sentire meno sperduto in un'azienda tecnologica come quella ci ha invece pensato il partito del papà prematuramente scomparso. Insieme a Becchetti junior è arrivato nel Cda di Infratel Gregorio Fontana, responsabile organizzativo di Forza Italia che dopo ben cinque legislature ha subito l'onta della trombatura alle elezioni del 2022.

Ex onorevoli, portaborse e segretari

Non tutti hanno la fortuna di pescare il jolly di una poltrona pubblica, sicura per almeno la durata di un consiglio di amministrazione triennale. Allora c'è chi trova riparo nei ministeri. Un ex ministro è perfino finito nello staff di un altro ministro. Ricordate Marco Bussetti? Ex professore di ginnastica poi laureatosi in scienze motorie, allenatore della squadra di pallacanestro di Gallarate, quindi coordinatore di educazione fisica del provveditorato agli studi di Varese, infine dirigente scolastico a Milano. Curriculum adeguato (oltre alla fede leghista), secondo Salvini, per affidargli nel 2018 il gravoso impegno di ministro dell'Istruzione, università e ricerca. Transitato al ministero senza lasciare tracce particolari, rientra all'ufficio scolastico regionale della Lombardia. Fino a quando il dovere, dopo aver assunto le sembianze di Andrea Abodi, lo richiama in servizio. Come esperto al ministero dello Sport. Giusto il tempo sufficiente a ricevere da Valditara la nomina a direttore dell'ufficio regionale scolastico del Veneto, posto liberato da una funzionaria nominata a sua volta capo dipartimento del ministero.

Luigi Augussori, informatico, ha fatto una certa esperienza in aziende del settore energetico. Anch'egli, ex senatore salviniano, è rimasto senza seggio. Ci sarebbe da chiedersi perché mai non è stato spedito in un consiglio di amministrazione di una società energetica o informatica, anziché certi suoi colleghi di partito, trombati ma completamente a digiuno. Invece lui diventa consigliere del ministro delle Autonomie Roberto Calderoli, con un altro ex senatore leghista non rieletto. Il quale però a differenza di Augussori porta a casa anche un gettone da consigliere di amministrazione del Poligrafico dello Stato. È Stefano Corti, l'imprenditore del settore stufe e caminetti di cui si è già parlato qualche pagina fa.

Ma per i leghisti orfani del seggio non esiste rifugio migliore degli uffici del vicepresidente del Consiglio Salvini. Ne sa qualcosa il senatore non rieletto Pasquale Pepe, commissario della Lega in Basilicata e consigliere del leader leghista a palazzo Chigi. E pure l'ex sottosegretario alle Infrastrutture Armando Siri, revocato dall'incarico nel 2019 dal Consiglio dei ministri in seguito al coinvolgimento in un'inchiesta per corruzione, ingaggiato nello staff salviniano. Non era incredibilmente risultato di ostacolo alla sua nomina governativa, durante il primo governo di Giuseppe Conte, il patteggiamento a 1 anno e 8 mesi per bancarotta fraudolenta in ordine al fallimento della società Mediaitalia, sua al 55 per cento, con debiti fiscali per 162.000 euro. Se si eccettuano, ovviamente, le lamentele del Movimento 5 Stelle, che però si era facilmente rassegnato a permettergli di assumere l'incarico al ministero di Danilo Toninelli.

Il braccio destro di Salvini alle Infrastrutture, il viceministro leghista Edoardo Rixi, si è invece incaricato di accogliere nella propria segreteria l'ex onorevole del partito e già suo capo di gabinetto nella giunta regionale ligure, Flavio Di Muro, dopo la bruciante sconfitta elettorale. Pochi mesi, sia chiaro. Solo il tempo necessario a Di Muro per candidarsi a sindaco di Ventimiglia.

Dalle Infrastrutture al Made in Italy, dove il capo della segreteria di un altro sottosegretario leghista, l'ex sindaco di Padova Massimo Bitonci, è uno dei suoi compagni di banco nella scorsa legislatura alla Camera. Cioè Roberto Turri, già collocato alla presidenza della società Veneto strade dalla Regione guidata da Luca Zaia.

Generosamente, il ministro dell'Istruzione Giuseppe Valditara, passato alla Lega ma non eletto, non ha avuto difficoltà a offrire un paio di scialuppe a Salvini. Una è servita per Valeria Alessandrini, ex assessore all'Istruzione del Comune di Terni e senatrice della Lega non riconfermata. Le avevano fatto annusare una poltrona da sottosegretaria all'Interno, poi l'odore è svanito. Si deve accontentare di consigliare il ministro per 45.000 euro lordi l'anno. Sulla seconda scialuppa Made in Valditara è stata imbarcata Angela Colmellere, in rotta verso la segreteria del suddetto ministro. Altri 45.000 lordi.

Deputata di Forza Italia, Giusi Bartolozzi ha mollato il partito per uno screzio sulla riforma della giustizia e non è stata ricandidata. Ma dopo essere rientrata in magistratura non ha deragliato dai binari già tracciati. Al ministero della Giustizia, l'ex giudice del tribunale fallimentare di Palermo è qualcosa di più del vicecapo di gabinetto del ministro Carlo Nordio. Chi conosce bene la situazione che si è venuta a creare nel palazzo di via Arenula, a Roma, ne parla come di un ministro ombra. Un altro, oltre a Delmastro. Dalla politica, del resto, non ha mai divorziato del tutto anche per ragioni affettive. Giusi Bartolozzi è la compagna di Gaetano Armao, il numero due della Regione siciliana durante la presidenza di Nello Musumeci.

Sfrattato per accordi politici dalla Sicilia a vantaggio di Renato Schifani, ma ricompensato dal suo partito Fratelli d'Italia con il ministero del Mare, quest'ultimo ha avvertito come tanti la necessità di non far mancare solidarietà agli ex onorevoli bisognosi di incarichi. E ha assunto come capo dell'ufficio stampa ministeriale Carmelo Briguglio, per tre legislature deputato di An prima dell'eclissi alle sfortunate elezioni del 2013.

In questo incredibile slancio di solidarietà si è trovato modo per far rimanere pure Enrico Zanetti agganciato al palazzo. Consigliere economico del ministro Giancarlo Giorgetti. Forse avrebbe potuto aspirare a qualcosa di più. Zanetti è stato anche viceministro dell'Economia all'epoca del governo Renzi. Ma già aveva fatto un buco nell'acqua con la candidatura alla presidenza dell'Ufficio parlamentare di bilancio. E diciamo la verità: in politica è sempre stato un peso piuma. Welter, al massimo. Eletto nel 2013 con Scelta civica di Mario Monti, l'irrequieto Zanetti ha preso in seguito a girovagare nelle acque basse del Parlamento. Prima con Denis Verdini. Dopo con Maurizio Lupi e la quarta gamba, ma sarebbe più giusto chiamarla gambetta, del centrodestra. Avessero usato il mitico manuale di Massimiliano Cencelli, il «Vangelo democristiano della lottizzazione nella Prima Repubblica», non gli sarebbe andata altrettanto bene.

Lamentarsi, però, sarebbe una mancanza di rispetto verso chi ha dovuto passare sotto ben altre forche caudine. Pensate ai gloriosi trascorsi di Vito Crimi e Paola Taverna. L'uno capo politico del partito e viceministro dell'Interno; l'altra vicepresidente del Senato. Due pezzi da novanta del Movimento 5 Stelle che la «regola dei due mandati e stop» ha costretto, per rimanere in Parlamento, a lavorare nei gruppi parlamentari grillini.

Gli ingressi secondari

Di occasioni per sopravvivere politicamente, in ogni caso, il nostro sistema ne offre innumerevoli. Qualche volta si spalancano porte secondarie ancora più dorate di quelle di società pubbliche. Per esempio, quella imboccata dall'avvocato Ernesto Carbone. Ex deputato del Partito democratico, è stato eletto al Consiglio superiore della magistratura. Un posto ancora migliore, per potere e durata, di quello occupato prima nel consiglio di amministrazione di Terna, l'azienda pubblica che si occupa di far passare la corrente elettrica ad alto voltaggio su cavi e tralicci. C'era arrivato nel 2020, nominato dalla Cassa depositi e prestiti, dopo la sconfitta alle elezioni di due anni prima. Carbone non aveva abbozzato, contestando l'assegnazione di un seggio a palazzo Madama cui riteneva di aver diritto a un altro senatore del Pd, che all'epoca era ancora il suo partito. Ma il ricorso era finito nel nulla e Daniele Manca aveva mantenuto il posto in Senato. Renziano a trazione integrale, alla nascita di Italia Viva Carbone non aveva avuto tentennamenti nel passare dal Pd al nuovo partito. E accettare quindi l'incarico triennale nel Cda di Terna, senza troppi rimpianti per l'elezione sfumata. Adesso, di anni come membro laico del Csm ne ha davanti altri quattro. Con una retribuzione che può arrivare a sfiorare i 200.000 euro l'anno. Mica male, no?

Ma le vie della magistratura sono infinite e sorprendenti. Per i politici in cerca di ricollocazione non c'è soltanto il Csm, ma anche gli organi di autogoverno di tutte le altre magistrature che, pur se creati negli anni con leggi ordinarie, funzionano esattamente come il Consiglio superiore previsto dalla Costituzione. Francesco Urraro, anch'egli avvocato, era stato eletto in Senato nel 2018 con il Movimento 5 Stelle ma dopo nemmeno due anni è stato folgorato da Salvini. Fosse rimasto fedele alla causa grillina avrebbe mai avuto l'opportunità di essere membro laico del Consiglio di presidenza della Giustizia amministrativa? È la vera stanza dei bottoni, dove si decide chi comanda nei ministeri. Altro che Senato.

E pensare che il suo ex partito si professava fermamente contrario alla prassi di spedire politici a occupare quei posti. Sentite che cosa diceva nel settembre 2018 il ministro della Giustizia Alfonso Bonafede: «Ho sempre voluto che il M5S non mandasse negli organi di autonomia e indipendenza persone schierate politicamente, ma docenti universitari, perché la Costituzione e le leggi dicono al Parlamento di esprimere membri laici, perché il Parlamento è un osservatore privilegiato della società e al suo interno può individuare membri laici. Un segnale, da parlamentare, l'avevo già dato. Ogni volta che venivano eletti membri laici del Csm o all'interno della giustizia amministrativa, contabile o tributaria. E questo abbiamo continuato a fare anche adesso, mentre gli altri partiti mandavano al Csm membri laici che permettessero di controllare il Csm da parte della politica. Invece il M5S ha espresso tre docenti universitari, assolutamente stimati, ma non politici. La prassi dovrebbe rispettare la separazione tra politica e magistratura».

Causa vincolo dei due mandati stabilito dal suo partito, l'ex ministro Bonafede non si è potuto ricandidare alle politiche del 2022. Ma nell'aprile 2023 ha accettato il posto da membro laico del Consiglio di presidenza della Giustizia tributaria. Proprio lui. E la coerenza con quei suoi eccellenti propositi? Andata a farsi friggere.

Nell'organo di autogoverno della giustizia tributaria (a proposito, perché esiste?) non è il solo politico. Presidente è l'ex deputata leghista Carolina Lussana, che ha come vice l'ex onorevole renziano ed ex sottosegretario alla giustizia, ex Csm, ex Associazione nazionale magistrati Cosimo Ferri. A differenza di Bonafede, si è ripresentato alle elezioni ma è stato trombato. Noto ai più per essere stato pizzicato nel 2019 insieme all'ex capo dell'Anm Luca Palamara e al braccio destro di Renzi, Luca Lotti – senza alcuna conseguenza giudiziaria –, a discutere di nomine a tarda sera in un albergo romano, Ferri è stato nominato non dal Parlamento bensì dai giudici tributari. Dire che lui e Bonafede non si sono mai amati è un eufemismo.

Si volevano bene, invece, Bonafede e Luigi Di Maio. Poi l'ex capo del Movimento 5 Stelle ha rotto con i suoi vecchi amici per fondare un altro partito: Impegno civico. Alle politiche prende lo 0,6 per cento. Non una grande scelta. Ma «Giggino la cartelletta», come l'ha schernito Beppe Grillo da Fabio Fazio il 12 novembre 2023, aveva comunque ben seminato per sé. Da promotore di un referendum per l'uscita dell'Italia dall'euro a migliore alleato dell'ex presidente della Banca centrale europea Mario Draghi e ministro degli Esteri del suo governo: un cambio di prospettiva che gli è valso la designazione come rappresentante dell'Unione europea nel Golfo Persico.

Ma forse niente come la storia di Felice Maurizio

D'Ettore può descrivere il travaglio di un politico alla ricerca della prospettiva. Dopo una vita consacrata alla causa da consigliere comunale a coordinatore provinciale di Forza Italia, alla vigilia dei 58 anni entra a Montecitorio, nel 2018. La prima tribolazione è del 2021: molla Forza Italia per Coraggio Italia di Luigi Brugnaro e Giovanni Toti. La seconda tribolazione è del 2022: molla Coraggio Italia per Vinciamo Italia dell'ex schermidore Marco Marin. Perde però il treno delle elezioni, e allora una decina di giorni prima del voto c'è la terza ma purtroppo tardiva tribolazione: molla Vinciamo Italia per Fratelli d'Italia. Il seggio è andato, la speranza no.

Basta aspettare il gennaio del 2024. E la nomina a Garante nazionale dei detenuti al posto di Mauro Palma dell'Associazione Antigone, già candidato senza fortuna alle europee del 2009 con Sinistra ecologia libertà, non gliela toglie nessuno.

Ma rassegnatevi: non è finita. Lo stillicidio andrà avanti ancora, e quando il potere cambierà di segno cambieranno di segno anche le poltrone. Magari senza elefanti che entrano in cristalleria, ma il copione non cambierà di molto. È sempre andata così, e non sono al momento previste eccezioni. Se la destra vuole pigliare tutto, nemmeno la sinistra rinuncia a difendere le proprie casematte. Anche mentre procede l'invasione senza precedenti, e senza fare prigionieri, della maggioranza al governo. Così alla vigilia di Natale 2023 il sindaco di Roma Roberto Gualtieri, esponente di punta del Partito democratico, si è ricordato degli amici. E ha fatto un bel presente a Enrico Gasbarra. Cattolico di sinistra, è vicesindaco della capitale con Walter Veltroni e quindi presidente della Provincia di Roma prima di Nicola Zingaretti. Finito il mandato provinciale, nel 2008 conquista un seggio del Pd alla Camera. Poi nel 2014 si trasferisce da Montecitorio a Strasburgo ritrovandosi collega di Gualtieri all'Europarlamento. Dal 2019, terminato il mandato, scompare praticamente dai radar. Ha solo un posticino al ministero dell'Economia, dove fa il consigliere politico di Gualtieri diventato ministro nel secondo governo di Giuseppe Conte. Il suo nome però riciccia a ogni occasione. Prima prende a girare per le elezioni suppletive del seggio alla Camera liberato da Gualtieri, nel frattempo eletto sindaco di Roma. Poi per le regionali, come possibile capolista del Pd. E si parla sempre di Gasbarra anche per un posto di rilievo in una partecipata pubblica. Mentre sta ancora al ministero dell'Economia corre voce che sia in procinto di assumere la carica di amministratore delegato di Eur spa, la società controllata al 90 per cento dal Tesoro che gestisce gli immobili dell'ex ente creato da Benito Mussolini per l'Expo del 1942 a Roma. Che non si è mai tenuto. Lui smentisce pubblicamente: «Il tema non esiste. Sono impegnato in altri progetti».

Ma il 25 settembre 2022 la sinistra fa harakiri e le vie d'uscita sembrano tutte sbarrate. C'è però uno spiraglio. Ricordate Eur spa? Il ministero dell'Economia ne possiede il 90 per cento, ma il restante 10 è del Comune di Roma. Cui spetterebbe la presidenza, per ragioni di competenza geografica se non di cortesia istituzionale. E per non sapere che cosa riserverà il futuro, stavolta Gasbarra l'incarico a Eur spa se lo prende. Non sarà quello di amministratore delegato, ma piuttosto che niente è sempre meglio piuttosto…

5

La famiglia viene prima di tutto

Matteo Salvini, 7 luglio 2020

Forza Lazio

Nel Paese più mollemente predisposto all'emulazione dei potenti la nuova coniugazione del verbo «tenere famiglia» fa scuola ovunque. Perfino nello sport.

Nel palazzo, Marco Mezzaroma si sente a casa. E non perché sia stato legato sentimentalmente a Mara Carfagna, ex parlamentare forzista emigrata alla corte di Carlo Calenda. O perché, dettaglio comunque non insignificante, sia il cognato del senatore di Forza Italia Claudio Lotito. Racconta Simone Canettieri sul «Foglio» che Mezzaroma si può onorare dell'amicizia di Giorgia Meloni. Anzi, di entrambe le sorelle Meloni. E per certi versi Arianna non ha meno potere di Giorgia. È il factotum del partito che dal 25 settembre 2022 comanda nel Paese. Il 24 agosto 2023 Giorgia Meloni la nomina capo della segreteria politica di Fratelli d'Italia nonché responsabile del tesseramento.

A via della Scrofa 39, la sede romana del partito, ex dimora di Alleanza nazionale di Gianfranco Fini e prima ancora del Movimento sociale di Giorgio Almirante, non si muove foglia che Arianna non voglia. Dicono che Giorgia si fida soltanto di lei, e lei ricambia la fiducia facendo filare tutti dritto. Compreso il consorte Francesco Lollobrigida da Tivoli, ministro della Sovranità alimentare, cioè di quello che una volta si chiamava Agricoltura. Poltrona sulla quale il cognato della premier si ritrova collocato dopo la vittoria elettorale più per meriti familiari che per competenza professionale. Non avendo mai Lollobrigida frequentato i campi, come conferma il cursus honorum.

Invece Mezzaroma il campo (di calcio, s'intende) l'ha frequentato: è stato azionista della Salernitana insieme al marito di sua sorella Cristina. Cioè Lotito. Il quale somma l'incarico di senatore di un partito della maggioranza meloniana alla qualifica di pezzo da novanta del calcio italiano. Da vent'anni fa e disfa gli organigrammi degli apparati condizionando anche le politiche fiscali a favore delle squadre: adesso che è in Parlamento le scrive addirittura lui. Da vent'anni è il padrone della Lazio. Club per cui in passato, stando a «la Repubblica», sembra tifasse Giorgia Meloni. Ma Arianna smentisce. «Sfatiamo un falso mito. Io e Giorgia non siamo laziali. Abbiamo sempre tifato Roma. A casa solo mamma è biancoceleste. Ora lo sono anche le mie figlie perché mio marito, Francesco Lollobrigida, è lazialissimo», dichiara al «Messaggero». Fede sempre rivendicata, anche con prese di posizione politica. Come quella volta che nell'autunno 2021 il cognato di Giorgia, allora capogruppo di Fratelli d'Italia, s'indigna pubblicamente perché il governo francese temendo incidenti ha vietato la trasferta ai tifosi della Lazio per la partita di Europa League con l'Olympique Marsiglia. Confessa di sperare che la sua squadra del cuore si annetta il Flaminio per intitolarlo a Tommaso Maestrelli, l'allenatore della Lazio del primo scudetto del 1974. Ma deve accontentarsi di vederla ancora giocare all'Olimpico, in affitto. Che Lotito paga al proprietario dello stadio. Ovvero la società Sport e Salute, cassaforte pubblica di cui dal giugno 2023 suo cognato Marco Mezzaroma è presidente.

La tenaglia Meloni-Lotito si rivela micidiale. E per i rivali di Mezzaroma che aspirano a quel posto prestigioso la strada è sbarrata. Non è noto se la cosa sia andata di traverso ad Andrea Abodi, teoricamente nel governo la figura competente per la scelta del presidente della società Sport e Salute. Di sicuro il ministro dello Sport quella nomina l'ha dovuta ingoiare.

Pare che lui volesse metterci il signor Giuseppe De Mita. Il figlio dell'ex segretario della Democrazia cristiana Ciriaco De Mita, ex presidente del Consiglio e sindaco del suo paese natale Nusco in provincia di Avellino, nientemeno. A differenza del padre, il rampollo dell'«intellettuale della Magna Grecia», come ironicamente l'avvocato Giovanni Agnelli marchia un giorno De Mita senior, difficilmente può essere definito «intellettuale». Ha fatto il capo ufficio stampa e direttore generale della Lazio, ma non con Lotito: la Lazio di Sergio Cragnotti. Poi s'è infilato insieme ad altri soci, fra cui Chiara Geronzi, figlia del grande capo di Capitalia Cesare Geronzi, nel ginepraio del mercato dei calciatori. Affare succulento in teoria; grossa fonte di guai invece per la loro società Gea world. Passata la buriana, ora Giuseppe De Mita ha una società di organizzazione eventi al 50 per cento con Tommaso Cellini, uno dei partecipanti a quell'avventura del calcio fallita. Perché mai il ministro dello Sport Abodi si fosse a un certo punto persuaso, come sembra, di aver trovato in lui la persona più adatta per fare il presidente del forziere del Coni è un mistero. L'ipotesi De Mita junior però sfuma, ed è l'unica cosa che sappiamo al di là delle voci. Così al figlio dell'«intellettuale della Magna Grecia» non rimane che consolarsi con il posto da consigliere di amministrazione di Cinecittà spa gentilmente assegnatogli dall'azionista: il ministero dell'Economia di Giancarlo Giorgetti.

Lo stesso ministro che, dopo aver bollinato la nomina di Mezzaroma alla presidenza, ha piazzato nel board di Sport e Salute l'amministratore delegato Diego Nepi Molineris, e gli altri quattro consiglieri. Prima il segretario generale del Coni Carlo Leonardo Mornati, ma è un atto quasi dovuto. Quindi Fabio Caiazzo, candidato nel 2013 con la futura ministra leghista Giulia Bongiorno per la Regione Lazio. Poi Rita Di Quinzio, responsabile della segreteria del ministro della Salute Orazio Schillaci (la società non si chiama forse Sport e Salute?). E Maria Spena, ex deputata di Forza Italia, uscita dalle politiche del 2022 con un pugno di mosche in mano anziché con il tesserino da parlamentare rinnovato. Idem al successivo tentativo di approdare alla Regione Lazio come assessora nella giunta di destra di Francesco Rocca. Luisa Regimenti, ex europarlamentare della Lega traslocata a Forza Italia, le ha fregato il posto.

Politici per sport

«La Federcalcio è un'associazione con personalità giuridica da diritto privato. Credo che chi ha un cognome non debba avere privilegi, ma non vorrei arrivare al punto che da un cognome si debba ricavare addirittura un danno» dice il ministro dello Sport Abodi. I grillini hanno messo in croce il presidente di quella «associazione con personalità giuridica di diritto privato» Gabriele Gravina perché ha assunto Marta Giorgetti, figlia del ministro dell'Economia, e Filippo Tajani, figlio del ministro degli Esteri.

Ci sta. Anche se la questione è controversa. Ogni volta che vengono fuori casi del genere, c'è chi comprensibilmente sospetta favoritismi. Non sempre facendo centro.

I grillini sostengono che le vicende di Marta Giorgetti e Filippo Tajani fanno invece parte dello schema classico e accusano Gravina di volersi «imbullonare alla poltrona» della Federcalcio dopo i disastri della Nazionale. Magari non bastano le assunzioni a tempo determinato di due figli di ministri, pure importanti.

Ma inevitabilmente fanno pensare. Anche perché sulla natura privatistica della Federcalcio ci sarebbe qualcosa da dire. Come su tutte le altre federazioni sportive.

Da oltre vent'anni l'Aero club d'Italia è presieduto dall'ex senatore Giuseppe Leoni, classe 1947, eletto dai soci nel 2002 dopo la sconfitta subita alle politiche del 2001 che l'avevano costretto a lasciare temporaneamente palazzo Madama. Tra i fondatori della Lega con quattro legislature alle spalle, insieme a Umberto Bossi è stato il primo parlamentare del Carroccio. Ma guai oggi a dargli del salviniano.

La Federazione italiana nuoto si identifica con Paolo Barelli, specialista dei cento metri a stile libero, che la presiede addirittura dal 2000. L'anno seguente entra al Senato, e dopo tre mandati si ferma un giro per passare poi alla Camera. Sempre con Forza Italia.

Suo collega di partito a Montecitorio è il medico Maurizio Casasco, già presidente della Confapi. Ma ha pure lo sport nel sangue. Infatti è presidente della Federazione medico sportiva del Coni.

Anche nelle vene dell'ex segretario generale della Cisl Sergio D'Antoni lo sport scorre a fiotti. Insieme alla politica. Fondatore dell'Unione di centro, è stato parlamentare della Margherita e del Partito democratico con un intermezzo da viceministro dello Sviluppo al tempo di Pier Luigi Bersani. Dal 2014 è presidente del Coni in Sicilia.

Prima di Giovanni Malagò il Comitato olimpico nazionale è stato a lungo affidato alle cure di Giovanni Petrucci. Lasciato quell'incarico, lui è rimasto nei paraggi. Riuscendo a coniugare la presidenza della Federazione italiana pallacanestro, che occupa ancora nel 2024, con il ruolo di sindaco di San Felice Circeo a capo di una giunta orientata a centrosinistra, fra il 2012 e il 2017.

E per restare alla dimensione locale della politica, il numero uno della Federazione del triathlon, Riccardo Giubilei, è stato in passato consigliere comunale di Terni per il Pd.

Umbro come Giubilei, il parlamentare del Pdl Luciano Rossi è presidente della Fitav, la Federazione del tiro a volo. Il colpo grosso l'ha fatto a novembre 2022, quando è stato eletto presidente della Issf, la Federazione mondiale di tiro a volo e tiro a segno, scalzando l'oligarca russo re dell'acciaio Vladimir Lisin che l'aveva battuto quattro anni prima.

È però infrangibile il record di Sabatino Aracu, deputato per diciassette anni con Pdl, Lega e Movimento per le autonomie e presidente della Federazione italiana sport rotellistici da ben trentun anni. E da 18 pure di quella mondiale.

Ci si può allora stupire se alla guida dell'Automobile club di Milano e al vertice della società Aci Infomobility, controllata dall'Aci nazionale, troviamo Geronimo La Russa, il primogenito del presidente del Senato Ignazio La Russa? Le federazioni sportive, qual è l'Automobile club (e pure qui ci sarebbe da obiettare), sono pur sempre privatistiche e gli organi vengono eletti dai soci. Dietro certe nomine ci sono magari altre logiche, ma è nell'ordine delle cose.

A chi il teatro? A noi!

Molto più sorprendente è invece scoprire che Geronimo La Russa è consigliere di amministrazione del Piccolo Teatro di Milano. Un ente pubblico. Si potrebbe ricordare che suo fratello minore, Lorenzo Kocis, eletto nel 2021 al primo municipio del Comune di Milano come capolista di Fratelli d'Italia, lavora per un altro ente pubblico: la Fondazione Milano-Cortina 2026, che organizza le olimpiadi invernali. Dov'è impiegata anche la segretaria dell'ex ministro della Difesa La Russa, Lavinia Prono. Ma oltre a essere un ente pubblico, il Piccolo a Milano è anche un simbolo dell'antifascismo. Dopo l'armistizio dell'8 settembre del 1943, l'edificio nel quale Giorgio Strehler e Paolo Grassi vollero nel 1947 far nascere il teatro era diventato il posto dove le squadracce repubblichine intitolate a Ettore Muti seviziavano i partigiani e gli oppositori politici. In proprio e per conto degli occupanti nazisti. Nominare nel consiglio di amministrazione il figlio di un politico che esibisce con orgoglio cimeli del fascismo sfiora oggettivamente la provocazione.

Anche perché ce lo ha mandato il titolare della Cultura Gennaro Sangiuliano, ministro più che vicino al partito fondato da papà Ignazio con Guido Crosetto e Giorgia Meloni. Lo statuto della Fondazione Piccolo Teatro prevede un consiglio di amministrazione di sei persone, una delle sei spettante al ministero. E la scelta non è stata affatto travagliata. In gioventù Sangiuliano militava nel Movimento sociale, che lo aveva fatto eleggere in un consiglio circoscrizionale del Comune di Napoli. Poteva essere l'inizio di una scalata, e alle elezioni politiche del 2001 il suo nome era apparso nelle liste nazionali alleate del Pdl. Ma il seggio parlamentare era rimasto un miraggio. Allora, di lì a poco, eccolo assunto in Rai.

Da quando è ministro si diletta a sfogliare l'album di famiglia. A capo della segreteria ha messo Emanuele Merlino, figlio di Mario Merlino: un nome che chi conosce le storie delle trame nere ricorderà bene. La sua parabola ha attraversato buona parte dell'estremismo di destra a cavallo degli anni Sessanta e Settanta, dal Msi a Ordine nuovo di Pino Rauti, ad Avanguardia nazionale di Stefano Delle Chiaie. Fino al Circolo anarchico 22 marzo, data simbolo dell'inizio del Sessantotto francese. Uscito indenne dal processo per la strage di piazza Fontana, Mario Merlino ha continuato a praticare la militanza sul piano letterario. Il figlio Emanuele ne segue le orme. Ha pubblicato nel 2018 *Foiba Rossa. Norma Cossetto. Storia di un'italiana*, romanzo illustrato con i disegni di Beniamino Delvecchio sulla vicenda di una studentessa istriana violentata e uccisa nel 1943 dai partigiani comunisti del maresciallo Josip Broz Tito.

Consigliere del ministro per la musica è Beatrice Venezi. Direttore d'orchestra al maschile, come preferisce essere appellata, la sua competenza non è in discussione. Ma quando si è saputo che avrebbe diretto il concerto di Natale a Nizza alcuni circoli antifascisti francesi hanno protestato. Lei ha reagito in una intervista alla «Stampa» negando di essere fascista ma rivendicando la fede in «Dio, patria e famiglia». Non senza rinunciare a infilzare «colleghi che hanno avuto una corsia preferenziale» per ragioni anche familiari. Mentre lei viene osteggiata «perché non sono figlia di...». Di qualcuno, il bravo direttore d'orchestra Beatrice Venezi è comunque figlia. Suo padre si chiama Gabriele Venezi, di mestiere immobiliarista. Ed è stato dirigente nazionale di Forza Nuova.

La suora in bolletta

Avendo le idee chiare da molto tempo, a 22 anni Beatrice Venezi studia al conservatorio Giuseppe Verdi di Milano per diventare direttore d'orchestra. Maria Chiara Fazio alla stessa età invece è ancora ben lontana dalla scoperta della sua vera vocazione: la politica. Vuole diventare suora laica con i Legionari di Cristo. Fa la promessa la mattina del 4 settembre 2005 all'Irish Institute di Roma, durante un'estenuante cerimonia alla quale non può mancare il papà. Perdesse anche per cause di forza maggiore il debutto nella vita religiosa della sua quartogenita, il cattolicissimo governatore della Banca d'Italia Antonio Fazio non se lo perdonerebbe mai. E per le cause di forza maggiore, nel frangente, c'è solo l'imbarazzo della scelta. In quella fine estate del 2005 la tempesta sulle scalate bancarie è quasi al culmine. Il coinvolgimento del papà di Maria Chiara Fazio rappresentava l'elemento più clamoroso e senza precedenti in centododici anni di vita della Banca centrale, istituita nel 1893 dopo lo scandalo della Banca romana.

Ma la cosa sembra non sfiorare minimamente il governatore. Che continua la vita di sempre come nulla fosse, nonostante l'asfissiante marcatura dei giornalisti. Se li trova davanti ogni volta che mette il naso fuori.

Questa però è un'occasione da non perdere. Qualcuno spiffera che la figlia si fa suora e i giornali sguinzagliano i cronisti alla ricerca di particolari. Quello dell'agenzia Ansa intercetta don Tonino Martini, il parroco di Alvito, il paese della Ciociaria del quale sono originari i Fazio. E lui, messo alle strette, conferma.

Il percorso formativo della giovane Fazio sfocia in un diploma universitario in Studi pastorali e religiosi al Mater Ecclesiae College di Greenville, Rhode Island. Passa per il Centro de estudios para la adolescencia y la juventud di Madrid. Attraversa una serie di esperienze in enti internazionali. E plana, all'età di 34 anni, su una laurea in giurisprudenza alla Sapienza di Roma. Quindi la politica. Che cosa induce, alla soglia dei 40 anni, una brillante professionista esperta in diritto tributario e relazioni internazionali a fare la consulente legislativa del gruppo parlamentare di Noi moderati è un interrogativo senza risposta. Forse una qualche forma di affinità elettiva con il leader ex ciellino di quel partitino? Sappiamo che Maurizio Lupi la candida alle elezioni politiche del 2022, ma non viene eletta. Il suo impegno meritava un riconoscimento, e quale meglio di un posto nel consiglio di amministrazione di una società pubblica? A occhio e croce la prima disponibile: l'Acquirente unico, settore energetico.

Ci azzecca qualcosa? Boh.

Mai senza Alemanno

La storia delle nomine nelle imprese di Stato insegna che la competenza è qualcosa di assolutamente discrezionale. Si può anche facilmente costruire per via politica. Un deputato con una laurea in marketing che staziona per un certo periodo di tempo nella commissione Trasporti diventa automaticamente un super esperto adatto per un posto nel consiglio di amministrazione delle Ferrovie. Se non per una più profumata indennità da commissario nell'Autorità di regolazione dei trasporti. Altrimenti basta avere la laurea in giurisprudenza, grimaldello valido per aprire qualunque porta. Anche quando il curriculum professionale parla una lingua totalmente diversa dall'incarico cui si è destinati dal partito, dalla corrente politica o semplicemente dagli amici.

Gabriella Alemanno vanta una più che solida esperienza nel campo delle pubbliche amministrazioni. Nel 2003 il secondo governo di Silvio Berlusconi la colloca ai vertici dei Monopoli di Stato. Cinque anni più tardi il quarto governo del Cavaliere la nomina direttrice dell'Agenzia del Territorio. Poi, eccola alla vicedirezione dell'Agenzia delle Entrate. Quindi improvvisamente, quando va in pensione per raggiunti limiti di età, il governo di Giorgia Meloni prima le offre per un breve periodo uno strapuntino nel consiglio di amministrazione della compagnia aerea pubblica Ita Airways. Poi la spedisce addirittura a fare il commissario della Consob, l'authority di regolazione e controllo della borsa valori.

Le commissioni riunite di Camera e Senato che hanno il potere di esprimere, dopo la sua audizione, il parere su questa ultima nomina lo esprimono a maggioranza, con il voto contrario della sinistra. La solita faziosità, commentano a destra. Gabriella Alemanno è la sorella di Gianni Alemanno, ex sindaco di Roma ed ex ministro del governo che nel 2003 la proietta ai Monopoli di Stato. E tanto basta. Ma è «il Foglio», giornale certo non qualificabile come organo della sinistra, a pubblicare un resoconto di quell'audizione, giudicandola «disastrosa». Nel documentatissimo articolo di Luciano Capone la sorella del noto esponente della Destra sociale appare come un pesce fuor d'acqua, in evidente difficoltà con le questioni tecniche. Che per chi si appresta a rivestire un ruolo di tale responsabilità in una autorità indipendente incaricata di tutelare il mercato e i risparmiatori dovrebbe essere un problema insormontabile. E non subordinabile alle parentele. Parentele, al plurale. Perché Gabriella Alemanno è anche la madre del tributarista Edoardo Arrigo, capo della segreteria di Maurizio Leo: il viceministro dell'Economia e delle Finanze con delega alle agenzie fiscali. Il mondo dove la commissaria

Consob ha fatto tutta la carriera pubblica. Le coincidenze, alle volte...

Tipo quella che ha portato Benedetta Papone, assessora alla Cultura del Comune di Pontedassio, a realizzare un magnifico upgrade. È stata assunta al municipio di Imperia, che l'ha prelevata dalla graduatoria di un concorso della Provincia: dove, pur non avendo vinto il posto, è risultata idonea. Quindicesima in classifica. Tutto regolare, per il Comune di Imperia. C'è soltanto una piccola faccenda di coincidenze, come spiega il giornale online «ImperiaPost.it». Benedetta Papone è la fidanzata di Piercarlo Scajola. Lui è il figlio di Claudio Scajola, sindaco di Imperia e quindi capo dell'amministrazione che ha assunto a tempo indeterminato la giovane assessora di Pontedassio dopo aver chiesto, il 13 giugno 2023, alla Provincia l'autorizzazione a utilizzare la graduatoria degli idonei al concorso provinciale. Provincia presieduta dal medesimo Claudio Scajola. Che tre giorni dopo, il 16 giugno, concede senza fare una piega l'autorizzazione al Comune di Imperia guidato da Claudio Scajola. La spiegazione ufficiale: «Il Comune di Imperia ha stipulato nel 2022 un accordo con la Provincia finalizzato alla gestione in forma aggregata di selezioni uniche per la formazione di elenchi di idonei all'assunzione per entrambi gli enti». Quindi Scajola Claudio sindaco di Imperia ha fatto un accordo con Scajola Claudio presidente della Provincia per assumere gli idonei ai concorsi da una parte o dall'altra. Se poi nel mucchio ci capita la fidanzata del pargolo...

Di padre in figlio

Ma perché essere così fiscali? In Italia anche il seggio in Parlamento si tramanda da padre in figlio, da zio a nipote, da moglie a marito. Come i mestieri, le aziende familiari, perfino il posto pubblico. Teniamo tutti famiglia. Le raccomandazioni e l'eredità qui non sono un peccato. Una qualità molto apprezzata, al contrario.

Il taglio del numero dei parlamentari voluto dal Movimento 5 Stelle e accettato come ineluttabile da buona parte della politica, però, fa spiccare come non era mai accaduto prima l'incredibile rete familiare stesa sulla Camera dei deputati e sul Senato della Repubblica. Dove almeno una settantina di onorevoli hanno nel pedigree una parentela politica spesso determinante. La stragrande maggioranza è nel centrodestra. Ovvio, considerando che alle elezioni del 25 settembre 2022 hanno fatto il pieno di seggi. Ma non si può dire che non si siano messi d'impegno per occupare più caselle possibili con i congiunti.

C'è perfino un padre. Roberto Bagnasco, il papà del sindaco di Rapallo Carlo Bagnasco, a sua volta ex sindaco di Rapallo. Forzisti a denominazione di origine controllata. Proprio come Anna Maria Bernini, figlia dell'ex ministro del Commercio estero nel primo governo di Silvio Berlusconi, Giorgio Bernini. E Rita dalla Chiesa, primogenita dell'indimenticato generale dei carabinieri Carlo Alberto dalla Chiesa e sorella degli ex deputati Simona e Nando dalla Chiesa: entrambi però schierati sul fronte opposto. E Annarita Patriarca, figlia di quel Francesco Patriarca che fu uno dei leader della corrente dorotea in Campania, onorevole Dc per sei legislature. E Luca Squeri, figlio dell'ex deputato democristiano Carlo Squeri. E Stefania Craxi, sorella di Vittorio Craxi e figlia di Bettino Craxi, che un giorno alla tv chiede se a questo punto anche lei va annoverata fra i «figli di», visti gli anni (diciotto) ormai passati in Parlamento. Difficile rispondere. Ma certe parentele non hanno scadenza. Forse la risposta sarebbe simile se a porre la medesima domanda fosse l'europarlamentare di Fratelli d'Italia Alessandra Mussolini.

Raramente la discendenza tradisce. Nella Fiamma, poi, sarebbe inconcepibile. Galeazzo Bignami, il viceministro delle Infrastrutture e dei Trasporti immortalato da ragazzino travestito da nazista a Carnevale, è figlio di un ex consigliere regionale missino, Marcello Bignami. Il viceministro della Giustizia Andrea Delmastro Delle Vedove è figlio dell'ex deputato di An Sandro Delmastro Delle Vedove. La senatrice di Fratelli d'Italia Elena Leonardi è figlia dell'ex segretario missino di Porto Recanati. La sottosegretaria alla Difesa Isabella Rauti è figlia del fondatore di Ordine nuovo, Pino Rauti. Il neosenatore Sergio Rastrelli è figlio dell'ex presidente della Regione Campania Antonio Rastrelli: padre e figlio con la Fiamma sempre nel cuore. Il deputato di FdI Andrea Tremaglia è figlio dell'ex assessore della Regione Lombardia Marzio Tremaglia, nonché nipote dell'ex repubblichino e deputato missino Mirko Tremaglia. La sua collega Marta Schifone è figlia dell'ex europarlamentare missino Luciano Schifone. Andrea Pellicini, entrato come loro per la prima volta alla Camera nell'ottobre 2022, è figlio dell'ex senatore di An Piero Pellicini e nipote del podestà fascista di San Miniato Giuseppe Pellicini. E anche il presidente del Senato Ignazio Benito La Russa è figlio d'arte mai rinnegata: suo padre Antonino era segretario del Partito nazionale fascista a Paternò prima di sedersi nelle file missine sui banchi del Senato della Repubblica italiana.

Poi ci sono quelli che da provenienze familiari ben diverse troviamo sul carro del vincitore, indossando senza patemi i panni di Fratelli d'Italia. Tipo Alfredo Antoniozzi, figlio dell'ex ministro democristiano Dario Antoniozzi. O il ministro Raffaele Fitto, figlio dell'ex presidente Dc della Regione Puglia Salvatore Fitto. Oppure Lucrezia Mantovani, figlia dell'ex vicepresidente della Regione Lombardia Mario Mantovani, di Forza Italia. Non manca neppure chi potrebbe essere tacciato di aver tradito la provenienza familiare. Il padre del parlamentare di Fratelli d'Italia Massimo Ruspandini è stato assessore comunista al Comune di Ceccano. Per non parlare di Eugenia Maria Roccella, ministra della Famiglia eletta nelle schiere meloniane dopo una non breve militanza berlusconiana: suo padre Franco Roccella è stato con Marco Pannella uno dei fondatori del Partito radicale. Chissà che cosa direbbe...

Fenomeni simili sono stati avvistati anche dalle parti della Lega di Matteo Salvini. Davide Bellomo, neoeletto leghista di Ascoli Piceno, è figlio dell'ex presidente democristiano della Regione Puglia Michele Bellomo. Il papà del neodeputato salviniano Gianpiero Zinzi è l'ex parlamentare Udc e già presidente della Provincia di Caserta Domenico Zinzi. Anche Valeria Sudano, figlia del consigliere comunale democristiano di Catania Vincenzo Sudano e nipote dell'ex senatore del Ccd Domenico Sudano, è stata eletta con la Lega. Idem Antonino Salvatore Germanà, figlio di Basilio Germanà, autentico monumento dell'epoca d'oro di Forza Italia. Quanto a Gianluca Cantalamessa, è l'unico missino, figlio dell'europarlamentare di medesima fede Antonio Nicola Cantalamessa, convertito al salvinismo. Mentre fedeltà assoluta alle radici familiari professa Daisy Pirovano, figlia dell'ex parlamentare leghista di Caravaggio Ettore Pirovano. E poteva mancare un figlio d'arte nella minuscola quarta gamba della maggioranza meloniana? Ecco allora Alessandro Colucci, eletto con Noi per l'Italia. Suo papà è Francesco Colucci, classe 1932: dieci legislature alle spalle, è stato eletto la prima volta nel 1972, quando Eddy Merckx vince il suo terzo Giro d'Italia.

Anche le opposizioni, sia chiaro, hanno in Parlamento qualche parentela da giocare. Per esempio Piero De Luca del Pd, figlio del presidente della Regione Campania Vincenzo De Luca. O Enrico Costa di Azione, figlio dell'ex onorevole liberale Raffaele Costa, il primo parlamentare in assoluto a denunciare gli sprechi della burocrazia e della politica. E Mariastella Gelmini, già ministra forzista traslocata nel partito di Carlo

Calenda, figlia dell'ex sindaco Dc di Milzano, in provincia di Brescia. Poi la vicepresidente della Camera Anna Ascani, deputata dem, figlia del già vicesindaco di Città di Castello Maurizio Ascani. Ma anche l'ex ministra renziana Elena Bonetti, figlia della segretaria del Pd di Ceresara, nel Mantovano. In teoria ci sarebbero pure Matteo Renzi e Maria Elena Boschi: il papà del primo, Tiziano Renzi, è stato consigliere comunale della Dc a Rignano sull'Arno; la mamma della seconda, Stefania Agresti, è stata invece vicesindaca di Laterina nell'Aretino prima di candidarsi senza fortuna alla Regione Toscana con il Pd.

Ma il pezzo pregiato della figliolanza d'arte sui seggi dell'opposizione è Alfredo Bazoli. Non tanto per il padre Luigi Bazoli, ex assessore in una giunta comunale di Brescia, quanto per il nonno Stefano Bazoli, deputato democristiano della Costituente, per il bisnonno Luigi Bazoli che fondò con don Luigi Sturzo il Partito popolare, e soprattutto per lo zio Giovanni. Proprio lui. Il banchiere cattolico che avrebbe dovuto essere a capo della coalizione di centrosinistra alle elezioni del 2001, poi vinte da Silvio Berlusconi. Almeno questa era l'idea di Beniamino Andreatta, prima del malore che lo colse il 15 dicembre 1999 alla Camera mentre si votava la finanziaria. Fuori gioco l'ex ministro del Tesoro, anche la suggestione tramontò. E toccò a Francesco Rutelli sfidare il Cavaliere in una partita persa in partenza.

Mogli, cognati, fratelli...

Nessuno, però, come Matilde Siracusano. Deputata di Forza Italia e sottosegretaria ai Rapporti con il Parlamento, la figlia del titolare della Italiana costruzioni ed ex assessore ai Lavori pubblici della Provincia di Messina Salvatore Siracusano è la compagna del presidente della giunta regionale della Calabria Roberto Occhiuto. Di conseguenza cognata del senatore del suo stesso partito Mario Occhiuto, ex sindaco di Cosenza. Figlia e moglie. E in un colpo solo pure cognata.

Qualche parola merita, in proposito, una delle varianti moderne del nepotismo. Ovvero il «cognatismo». L'esponente più illustre, ne abbiamo già parlato, è il parlamentare e ministro Francesco Lollobrigida, cognato della presidente del Consiglio. Ma a Montecitorio, per esempio, c'è anche Marco Scurria, classe 1967: è cognato del vicepresidente della Camera Fabio Rampelli, già esponente di spicco del cerchio magico di Giorgia Meloni scivolato in un cono d'ombra. E con i principi tradizionali di famiglia destinati a sgretolarsi sempre di più, anche le parentele politiche assumono le forme più varie. Senza risparmiare i partiti che di quelle tradizioni familiari espongono pubblicamente il vessillo. La deputata di Forza Italia Marta Fascina, fidanzata di Silvio Berlusconi fino alla sua morte, è nata a Melito di Porto Salvo quando il Cavaliere aveva già compiuto 53 anni: nel marzo del 2022 si è unita a lui in uno pseudomatrimonio senza valore legale. Il deputato leghista Andrea Barabotti è il compagno della europarlamentare salviniana Susanna Ceccardi, con cui ha una figlia.

Moglie e marito, di regola, condividono anche la passione politica. La deputata del Partito democratico Michela Di Biase è la moglie dell'ex ministro della Cultura e senatore Dario Franceschini. Elisabetta Piccolotti e suo marito Nicola Fratoianni sono addirittura compagni di banco a Montecitorio. I due coniugi Fratoianni rappresentano quasi un quinto del gruppo parlamentare Alleanza Verdi e Sinistra. Il leghista Massimiliano Romeo è sposato con la leghista sindaca di Levante sul Seveso Laura Ferrari. Il senatore dem Claudio Mancini è stato eletto mentre sua moglie Fabrizia Giuliani, deputata dello stesso partito, lasciava l'altro ramo del Parlamento. L'europarlamentare della Lega Gianna Gancia è la consorte del ministro leghista Roberto Calderoli. L'onorevole di Italia Viva Raffaella Paita è moglie dell'ex assessore regionale ai Trasporti della Regione Liguria con Claudio Burlando presidente, Luigi Merlo. Il sottosegretario leghista Nicola Molteni è sposato con Aurora Lussana, ex direttrice del giornale del partito, «la Padania». L'europarlamentare della Lega di Matteo Salvini, Vincenzo Sofo, convola a giuste nozze l'11 settembre 2021 con Marion Maréchal: la nipote di Marine Le Pen. L'eccezione che conferma la regola è Francesco Boccia, ex ministro del Pd, marito di Nunzia De Girolamo, ex ministra di Forza Italia.

Da un estremo all'altro del Paese, la musica non

cambia. La senatrice della Südtiroler Volkspartei Julia Unterberger è stata la moglie dell'ex senatore dello stesso partito Karl Zeller. Il deputato autonomista altoatesino Meinhard Durnwalder è nipote di Luis Durnwalder, per decenni padre padrone della Südtiroler e della Provincia di Bolzano. Come Antonino Minardo, parlamentare leghista di Modica, in provincia di Ragusa, nipote dell'ex deputato di Forza Italia Riccardo Minardo, che nel 2008 gli ha lasciato in eredità il seggio alla Camera.

Per la serie parentele indirette, valga il caso di Giuseppe Castiglione da Bronte, ex democristiano transitato nel partito di Berlusconi, che ha deviato dal percorso familiare originario accasandosi in Azione. È il genero di Giuseppe Firrarello, uno dei pezzi da novanta della Dc siciliana nella Prima Repubblica. Ma anche il caso di Marco Osnato, deputato di Fratelli d'Italia e coniuge di Maria Cristina La Russa, figlia di Romano La Russa, assessore alla Regione Lombardia nonché fratello del presidente del Senato Ignazio La Russa.

E poi i fratelli. Giovanni Luca Cannata, neodeputato del partito di Giorgia Meloni, è fratello di Rossana Cannata, ex deputata all'Assemblea regionale siciliana. Fratelli di Sicilia, appunto. Il ministro dei Rapporti con il Parlamento Luca Ciriani è il fratello del sindaco di Pordenone Alessandro Ciriani.

E siccome il seme non cade mai troppo lontano dalla pianta, il suo collega responsabile della Pubblica amministrazione e senatore di Forza Italia Paolo Zangrillo altri non è che il fratello del medico personale di Berlusconi, Alberto Zangrillo. Ministro per fraterna consuetudine.

Giulio Centemero, deputato leghista, è invece solo cugino di Elena Centemero, onorevole di Forza Italia per dieci anni.

Questa volta si è davvero esagerato, penserà qualcuno. Ma ci possiamo sempre consolare osservando ciò che è successo in Argentina. Il nuovo presidente Javier Milei ha cambiato la legge contro il nepotismo per poter nominare sua sorella segretaria generale della presidenza. Cambiare una legge... Almeno questo non è stato fatto.

Ma una legge, noi, ce l'abbiamo?

6

Non è vero che i deputati hanno stipendi d'oro

Piero Fassino, 2023

Bàkelet, chi era costui?

«Vorrei salutare le studentesse, gli studenti e i docenti dell'istituto tecnico economico Vittorio *Bàkelet* di Ferrara che assistono ai nostri lavori dalle tribune.»

Mercoledì 19 aprile 2023. Il presidente Lorenzo Fontana apre così la seduta della Camera: storpiando il nome del vicepresidente del Consiglio superiore della magistratura assassinato dai brigatisti il 12 febbraio 1980 mentre parla con la sua assistente Rosy Bindi sulle scale della facoltà di scienze politiche dell'Università La Sapienza di Roma.

Bachelet è un cognome di origine francese e si pronuncia *Bascelé*. Ma non occorre conoscere le lingue per saperlo. L'assassinio di Vittorio Bachelet è uno dei più efferati dei cosiddetti «anni di piombo», tanto da incarnare l'emblema della follia brigatista. Il suo nome l'avranno pronunciato migliaia di volte in televisione, alla radio, nelle occasioni pubbliche. Possibile che Fontana non conosca quel frammento così importante della nostra storia recente? Non sa chi era Vittorio Bachelet?

Massimo Gramellini è impietoso. «Anche dalla sua faccia si capiva che non avesse idea di chi fosse: un fisico nucleare, un pittore minore, un condottiero medievale? Pazienza per Fontana, lui ormai i suoi studi li ha fatti (o non li ha fatti). Ma gli studenti del Bachelet, reduci dalla lezioncina di Montecitorio, si staranno domandando: se uno diventa presidente della Camera senza conoscere la storia d'Italia, perché mai dovremmo studiarla noi?» scrive sul «Corriere della Sera» il 21 aprile.

A Montecitorio gira la voce che da allora, per evitare altre gaffe, qualcuno abbia pensato, in casi simili, di far arrivare alla presidenza un foglietto con su scritta l'esatta pronuncia dei nomi... Eppure, a giudicare dal curriculum, Lorenzo Fontana ha studiato, e ha studiato parecchio. Ha tre lauree, che lo collocano senza ombra di dubbio al vertice della sfera intellettuale del suo partito, la Lega per Salvini premier, che conta la percentuale più bassa di onorevoli con titolo accademico: il 65 per cento, dieci punti in meno rispetto alla media della Camera. E che è pure guidato da un leader (Matteo Salvini, appunto) che la laurea l'ha vista col binocolo.

Laurea in scienze politiche a Padova, in storia all'Università europea di Roma, quindi in filosofia all'Università San Tommaso d'Aquino dei Padri domenicani. Un secchione tremendo, all'apparenza. Che però fra un esame di diritto, un saggio su Napoleone e una ricerca su Cartesio trova anche il tempo per fare politica a tempo pressoché pieno. Leghista da quando gli spunta la barba, a 22 anni è già vicecapo dei Giovani Padani. A 27 consigliere comunale di Verona e a 29 europarlamentare.

A Verona è considerato poco meno del braccio destro del sindaco Flavio Tosi. Che nella Lega è quasi un moderato. Il giovane Fontana, invece, è decisamente radicale.

Il giornalista di «la Repubblica» Paolo Berizzi nel suo bel libro *È gradita la camicia nera* racconta come Verona sia diventata il laboratorio della destra più estrema, che vanta contaminazioni non marginali con pezzi delle istituzioni. I rapporti con quel mondo del sindaco di Verona Federico Sboarina di Fratelli d'Italia, eletto nel 2017 ma sconfitto nel 2022 dall'ex calciatore del Verona, della Roma e della Nazionale Damiano Tommasi, sono documentati e mai rinnegati. In una lunga inchiesta sulla Verona nera pubblicata dal «Post», Giulia Siviero ha messo in fila un'impressionante serie di circostanze, come la presenza di Sboarina al primo Festival per la Vita, organizzato dall'associazione Pro Vita il cui portavoce è Alessandro Fiore, il figlio del capo di Forza Nuova, Roberto Fiore. E a fianco del sindaco, in quella occasione, c'è anche il suo vice Lorenzo Fontana, che condivide con lui un secondo ardore. Quello per il calcio.

«Oltre alla passione politica» scrive il futuro presidente della Camera sul proprio blog, «questi miei anni sono legati a un'altra grande passione: il tifo per l'Hellas Verona, rigorosamente e da sempre in curva sud.» È la curva degli ultrà gialloblù, capitanati dal leader locale di Forza Nuova Luca Castellini, dove risuona questo simpatico refrain: «Siamo una squadra fantastica fatta a forma di svastica! Che bello se ci allena Rudolf Hess!». Quel Castellini che alla festa della curva sud afferra il microfono per una comunicazione di servizio, in un diluvio di applausi: «Io ve lo dico! Chi ha permesso questa serata? Chi ha pagato tutto ha un nome: Adolf Hitler!». E viene immortalato nel 2015 a un Family Pride mentre regge uno striscione gomito a gomito con Fontana. Che non si tira indietro quando si tratta di sposare certe battaglie dell'estrema destra, tipo quella per cancellare la legge di Nicola Mancino contro gli atti di razzismo e di esaltazione del fascismo.

Battaglie, peraltro, sostenute anche dal suo leader Salvini, che nell'estate 2017 dal palco di Pontida grida: «Le idee non si processano. Via la legge Mancino!». E lo ripete anche l'anno dopo, quando è a capo dell'Interno. Dopo che il ministro della Famiglia del suo governo, Lorenzo Fontana, ha riaperto il fronte su Facebook: «Abroghiamo la legge Mancino, che in questi anni strani si è trasformata in una sponda normativa usata dai globalisti per ammantare di antifascismo il loro razzismo anti-italiano. I burattinai della retorica del pensiero unico se ne facciano una ragione: il loro grande inganno è stato svelato». Mentre questo libro viene pubblicato Fontana è la terza carica dello Stato. E senza scavare troppo nel suo passato di militante del Movimento sociale italiano erede del fascismo, la seconda carica dello Stato è Ignazio Benito Maria La Russa. Fondatore di Fratelli d'Italia, orgoglioso custode di cimeli storici del Ventennio, persuaso che «nella Costituzione non c'è alcun riferimento all'antifascismo». Parole sue.

Entrambi sono stati votati dai parlamentari liberamente eletti, compresa una frangia dell'opposizione. Un cambiamento radicale rispetto al passato. Alla presidenza della Camera si sono installati a lungo esponenti comunisti di primo piano. E per cinque anni anche un altro ex missino, Gianfranco Fini. Proveniente dalla medesima storia politica di La Russa. Come il presidente del Senato, Fini è stato da giovane dirigente del Fronte della gioventù e poi parlamentare per trent'anni, anche se a differenza sua ha rotto con il passato della Fiamma.

Ma le giravolte politiche non hanno mai messo seriamente in discussione un sistema di privilegi e di costi del palazzo che resta inaccettabile. Né impedito, e a quei prezzi, la spaventosa involuzione della democrazia parlamentare: fatto ancor più grave.

E si va avanti così.

Meno onorevoli, stessi soldi di prima

Le nuove gestioni delle Camere in formato *ancien régime* debuttano come si faceva una volta. Con un grazioso presente agli onorevoli. Un paio di mesi dopo le elezioni del 25 settembre 2022 il bonus per l'acquisto di smartphone e tablet viene innalzato da 2500 a 5500 euro. Ma sono strumenti di lavoro, che diamine! Senza i social media che cosa farebbero i nostri eletti?

Il presidente del Senato porta a casa ogni mese poco meno di 19.000 euro netti, compresi 3500 di diaria e 5830 di rimborsi. Il suo collega della Camera sta invece intorno ai 18.000 euro netti, perché i rimborsi sono meno ricchi. Un deputato normale, qual è per esempio Piero Fassino, guadagna una cifra più bassa, naturalmente. Ai circa 5000 euro netti al mese dello stipendio non può infatti sommare l'indennità aggiuntiva spettante al presidente (4223 euro netti). Ma neppure quella che tocca ai vicepresidenti delle Camere, ai questori e ai presidenti delle commissioni. Per questi ultimi la cifra da aggiungere alla paga mensile è di 2227 euro lordi, corrispondenti a 1269 netti. A luglio 2023 il beneficio di un'indennità aggiuntiva identica a quella stabilita per i presidenti delle commissioni è stato esteso ai capi dei gruppi parlamentari.

Molti di loro hanno però rinunciato, anche perché i soldi dovrebbero essere presi non dalle risorse del Parlamento, bensì dai fondi degli stessi gruppi. E qui si svela il primo clamoroso bluff del taglio del numero degli onorevoli. Lo stipendio di deputati e senatori è fermo da anni e l'inflazione ne ha mangiato un discreto pezzo. Ma 5000 euro netti al mese, più annessi e connessi che portano il totale fra quota 12.000 e 14.000 secondo i casi, non si possono considerare una paga da miseria. Anche in rapporto ai risultati del lavoro di molti fra gli eletti.

Così non la pensa evidentemente Fassino, che il 2 agosto 2023, mentre si vota il bilancio interno di Montecitorio, si alza in piedi sventolando il cedolino: «L'indennità che ciascun deputato percepisce ogni mese dalla Camera è di 4718 euro al mese. Si tratta di una buona indennità ma non è certamente uno stipendio d'oro». E si astiene.

Ma se l'ex segretario dei Democratici di sinistra avesse letto con attenzione il bilancio della Camera prima di quella discutibile iniziativa, avrebbe magari potuto apprezzare su un altro piano la generosità dei contribuenti italiani verso i loro eletti. Perché con 230 deputati in meno, come conseguenza del taglio dei seggi voluto dal Movimento 5 Stelle nella legislatura precedente, ma votato con masochistico entusiasmo anche dal Pd, i soldi destinati ai gruppi parlamentari sono rimasti gli stessi.

Alla Camera presieduta da Lorenzo Fontana lo stanziamento è di 30.870.000 euro: esattamente come nel 2022, nel 2021, nel 2020... E se dividiamo questa somma per 400, quanti sono i deputati, fanno 77.175 euro a cranio. L'anno, ovviamente. Cioè 28.175 euro in più rispetto ai 49.000 pro capite della Camera con 630 seggi. L'aumento reale è del 57,5 per cento. Ancora meglio al Senato. Lo stanziamento per i gruppi, rimasto identico, è di 22.120.000 euro. La divisione per 205, quanti sono i senatori (compresi quelli a vita) dopo la sforbiciata dei seggi, dà un risultato di 107.902 euro. Cifra che non supera soltanto del 28,4 per cento quella destinata oggi ai gruppi parlamentari della Camera per ognuno dei loro componenti, ma incrementa pure di ben il 56,1 per cento la somma pro capite a disposizione dei gruppi di palazzo Madama con 315 seggi più quelli dei senatori a vita. Pari a 69.125 euro.

Ma è uno dei tanti funambolismi messi in atto per limitare i danni del taglio dei parlamentari. Con altrettanti misteri. Primo mistero: sebbene il numero dei parlamentari sia ridotto del 36,5 per cento, le dotazioni finanziarie di Camera e Senato non si riducono di un centesimo. Cioè per i 600 deputati e senatori attuali il Tesoro dà gli stessi soldi di prima, come fossero ancora 945. Complessivamente poco meno di un miliardo e mezzo: 943.960.000 euro alla Camera, 505.360.500 euro al Senato.

Nel conto ci sono anche gli stipendi del personale, le pensioni e i vitalizi. D'accordo, ma quei capitoli sono parte integrante del costo delle Camere. E se dividiamo il totale per il numero degli onorevoli scopriamo che il peso sull'erario di ogni seggio, tutto compreso, è di 2.359.900 euro: 861.559 euro in più. Mentre al Senato il costo è di 2.465.173 euro: 885.922 euro in più.

Ancora abbiamo davanti agli occhi quello striscione imbracciato dai deputati del Movimento 5 Stelle davanti al palazzo di Montecitorio in favore di telecamera dopo che la riduzione del numero dei parlamentari è diventata legge. Prima riga: «Meno 345 parlamentari». Seconda riga: «1 miliardo per i cittadini». Che per ora non hanno visto un centesimo.

Contrariamente ai deputati, cui la filiale di Banca Intesa alla Camera corrisponde un interesse sui depositi pari al 5,6 per cento: trenta volte più della miseria che le banche riconoscono ai normali correntisti. Ma loro, a differenza dei parlamentari della maggioranza, non le hanno salvate dal pagamento al fisco degli extraprofitti, come aveva invece minacciato Giorgia Meloni.

Pur di non tirare la cinghia tutte le strade sono buone. Alla Camera il taglio dei deputati ha come conseguenza una riduzione di 60 milioni dei soldi che toccano agli onorevoli? Ecco comparire qua e là ritoccatine alle previsioni di spesa. Un milione e mezzo in più per le manutenzioni. Un altro milioncino per l'assistenza. 4.600.000 euro di aumento per pagare le bollette di acqua, elettricità e gas: da 5.950.000 a 10.550.000 euro. E una quindicina di milioni in più per le retribuzioni del «personale non dipendente», che lievitano fino a 36,6 milioni. Poco meno della metà della cifra, 84 milioni, che rappresenta l'intero costo degli emolumenti dei deputati.

E il Senato? L'ultima riga del bilancio di previsione del 2023 dice che il costo di palazzo Madama, «al netto dei risparmi», è di 575 milioni. Una settantina in più della dotazione del Tesoro. Nel documento manca curiosamente il raffronto con le previsioni del 2022, comunque reperibili nel sito storico. Il bello è che in fondo a quelle il totale della spesa è di 556 milioni: diciannove meno dell'anno successivo, nonostante 115 senatori in più.

Possibile?

Come ti azzero il risparmio

Possibilissimo, dicono i numeri. I compensi del personale di ruolo del Senato raggiungono i 120 milioni. Per 595 persone: tanti sono i dipendenti fissi al 1° gennaio 2023. Se la matematica non è un'opinione, la media pro capite sfonda lo spettacolare tetto dei duecentomila euro. Esattamente 201.680 euro lordi l'anno. Quasi il doppio della paga di un primario ospedaliero con venticinque anni di anzianità. E almeno due volte il costo medio del personale del Parlamento europeo.

Vi chiederete: ma non esiste in Italia il tetto di 240.000 euro lordi alle retribuzioni dei dipendenti pubblici? Se la media è quella, chissà quanti stipendi superano di slancio quel limite. Giusta deduzione.

Pochi sanno che nel Parlamento vige una regola che si chiama «autodichìa». È un principio in base al quale nella Camera e in Senato ogni decisione viene presa autonomamente e nessuno ci può mettere bocca. Né il governo né la Corte dei conti. Vale per tutto ciò che riguarda il funzionamento delle Camere, dal trattamento economico degli onorevoli a quello del personale. Che può quindi accedere a benefici inimmaginabili per i comuni mortali. Figurarsi per gli altri dipendenti pubblici, anche di livello dirigenziale.

Quando viene introdotto il tetto dei 240.000 euro, nel 2014, anche il personale del Parlamento mastica amaro. Possono forse evitare di applicarlo a sé stessi? In teoria potrebbero. Ma hanno appena approvato la legge per l'abolizione del finanziamento pubblico ai partiti, e con l'ondata che sta montando non è proprio aria. Il tetto viene però introdotto in un modo così singolare che consente di superarlo. Per esempio, i segretari generali con stipendi da mezzo milione e oltre si accontentano di scendere intorno ai 360.000 euro. A differenza degli altri dipendenti pubblici, inoltre, il tetto è a scadenza. Dura solo tre anni. Poi, dal 2018, l'incubo finisce.

Secondo i bilanci del Senato, fra il 2001 e il 2023 il compenso medio pro capite dei dipendenti passa da 96.650 a 201.680 euro lordi l'anno. L'aumento reale delle paghe, considerando quindi l'inflazione, è del 36,2 per cento. Non così bene va alla Camera, dove lo stipendio medio sale nello stesso lasso di tempo da 91.745 a 175.986 euro lordi l'anno. Con un incremento reale nettamente inferiore: più 25,2 per cento. Ma fantascientifico per il resto del genere umano statale. La paga media annua lorda di un dipendente dell'amministrazione centrale dello Stato si aggira intorno a 38.000 euro. La crescita reale rispetto al 2001 è dell'1,3 per cento. Una miseria.

Brutta bestia, l'autodichìa. Brutta per le finanze pubbliche, s'intende. Non per chi se la gode.

I vitalizi, per esempio. Nella legislatura dominata all'inizio dal Movimento 5 Stelle era arrivata una stretta. Probabilmente abbastanza discutibile dal punto di vista tecnico. Dopo tante esagerazioni bisognava comunque aspettarsela. Ma a salvare le cose c'è sempre l'autodichìa. Perché con quel sistema non soltanto le decisioni vengono prese in autonomia, ma pure i ricorsi. Per capirci, a giudicare sulle rimostranze verso un provvedimento preso dal Parlamento sono gli stessi parlamentari.

C'è in Senato un organo apposito, il Consiglio di garanzia. Ne fanno parte cinque senatori: uno è presidente, e in caso di parità il suo voto vale doppio. A luglio dello scorso anno gli tocca decidere sul taglio dei vitalizi stabilito nel 2018 dalla maggioranza a Cinque Stelle, che incideva sui senatori con almeno cinque anni di mandato all'attivo prima del 2012. Sempre a partire dal 2012 sulle pensioni degli ex onorevoli, perché di pensioni in piena regola si tratta, viene applicato il metodo di calcolo non più sulla base dello stipendio, ma dei contributi effettivamente versati. Il problema è che il taglio viene fatto applicando il metodo contributivo anche ai periodi precedenti al 2012, con il risultato di ridurre drasticamente alcuni assegni già in pagamento. Fioccano i ricorsi e si arriva fatalmente al Consiglio di garanzia, presieduto da un ex senatore di Forza Italia, Luigi Vitali, che è stato sottosegretario di un governo di Silvio Berlusconi.

Non è uno sbaglio: si tratta proprio di un ex senatore. Dalle elezioni sono trascorsi ormai nove mesi ma il collegio di garanzia non è stato mai rinnovato. Quindi è ancora in carica quello precedente, nonostante alcuni suoi componenti non siano stati rieletti. Fra cui, appunto, il presidente. Che oltre ad avere l'età per incassare il vitalizio (ha 68 anni) è stato parlamentare per quasi quattro legislature prima del 2012, data fatidica dell'entrata in vigore del metodo contributivo. Al dunque, i rappresentanti della Lega e di Fratelli d'Italia si dicono contrari, mentre l'esponente del Partito democratico si astiene. Ai due voti contrari si contrappongono i due voti favorevoli di un ex senatore del Movimento 5 Stelle (!) e di Vitali. Siccome il voto del presidente vale doppio in caso di parità, il ricorso viene accolto. E il taglio dei vitalizi eliminato.

Il riflesso sui bilanci è prodigioso. La spesa per i vitalizi passa al Senato da 65,5 a più di 80 milioni. Poi ci sono anche le pensioni degli ex dipendenti, che hanno retribuzioni da far impallidire quelle dei parlamentari e trattamenti previdenziali da nababbi. Un esempio? Quando nel 2011 il presidente del Consiglio Mario Monti chiama a palazzo Chigi l'ex segretario generale del Senato Antonio Malaschini, 64 anni, i suoi redditi diventano pubblici. Compresa la pensione: 519.015,45 euro lordi l'anno.

Per come stanno le cose, non stupisce che la spesa per le pensioni degli ex dipendenti salga in un anno, fra il 2022 e il 2023, da 144,6 a 155,7 milioni: più del doppio della somma necessaria a pagare i vitalizi riportati al caro vecchio sistema. Il risultato è che la spesa previdenziale di palazzo Madama, vitalizi compresi, passa da 216 a 239 milioni. Mentre quella della Camera addirittura da 416 a 446 milioni. Ecco dove vanno a finire i presunti risparmi della riduzione del numero dei parlamentari.

A volte ritornano

Erano finiti nel cono d'ombra. Sprofondati in un passato non indimenticabile e relegati all'oblio. Ma adesso, archiviato il "Nuovo che avanza", riemergono dall'abisso del tempo. Perché a volte anche loro ritornano. E, anche se non sono i protagonisti di un famoso racconto del maestro dell'horror Stephen King, bisogna ammettere che la cosa fa comunque una certa impressione.

Riecco Antonio Guidi, lo ricordate? Neurologo, prima socialista e sindacalista della Cgil, poi folgorato da Silvio Berlusconi che lo fa ministro della Famiglia nel suo primo governo e quindi sottosegretario alla Salute nel secondo. Esce dal Parlamento nel 2001 e ci rientra nel 2022, in Senato. A 77 anni suonati e dopo una ventina d'anni di vitalizio da almeno 3000 euro netti al mese per i sette anni trascorsi alla Camera dal 1994. Ci rientra con Giorgia Meloni, ma subito dopo passa con Maurizio Lupi e la quarta gambetta della maggioranza.

E ancora Marcello Pera, proprio lui. Presidente berlusconiano *low profile* del Senato, a 70 anni sembrava pronto per una elegante eclissi politica, sostenuta dal vitalizio di 4500 euro netti al mese cui ha diritto dal 2013. Solo un'impressione. Nel 2020 lo ritroviamo consigliere politico del leader leghista Matteo Salvini. E due anni più tardi vittorioso capolista di Fratelli d'Italia in un collegio campano. Un liberale come lui, a portare la bandiera dello Stato sociale in salsa meloniana? Proprio vero che ormai non ci si può stupire più di niente.

E poi Giulio Tremonti. Anche lui al seguito di Giorgia Meloni, a 75 anni. Ben portati, ma sempre 75. Come superministro dell'Economia ha segnato un'epoca nella politica d'altura, e avvistarlo ora in acque così basse e ruvidamente tricolori lascia un po' interdetti. Anche perché se c'è una cosa ineluttabile è il tempo che non si ferma.

Ecco anche la falange democristiana, come sempre in ordine sparso. Lorenzo Cesa, ex segretario dell'Udc, rientra dopo essere stato fermo un giro. E Francesco Saverio Romano, già ministro dell'Agricoltura con Berlusconi. E Gianfranco Rotondi, abilissimo nel surf, che stavolta cavalca l'onda di Giorgia. Nessuno come lui, che dalla tavola non è mai sceso.

Come dimenticare poi il quasi ottantenne Adriano Galliani, lesto a prendersi il seggio del Senato lasciato da Silvio Berlusconi a Monza?

Per non parlare delle *new entry*. Tipo Simonetta Matone, magistrata, candidata a 69 anni dalla Lega a vicesindaco del Comune di Roma in un ticket improbabile con Enrico Michetti, ora eletta nelle liste salviniane. O Giulio Terzi di Sant'Agata (78 anni), ex ministro degli Esteri del governo Monti che, scopertosi come tanti altri meloniano, si è guadagnato un seggio. Oppure l'ex magistrato Carlo Nordio (77), intruppato sempre con Fratelli d'Italia.

Questo nel centrodestra. Ma non è che dal fronte opposto siano arrivati segnali più giovanili. Lì i ritorni non ci sono praticamente stati, però soltanto a causa del misero risultato elettorale. Si è badato innanzitutto a creare un cerchio di fuoco intorno all'apparato. Poteva restare senza un posto in Parlamento l'ex segretario del Pd Nicola Zingaretti? Quindi si è ribadita la sacra regola che i monumenti non si toccano. Ecco allora il non stipendiato d'oro Piero Fassino, 74 anni d'età e sei legislature alle spalle: questa è la settima. Né è stata infranta un'altra regola assai curiosa, secondo la quale nel centrosinistra un seggio dev'essere sempre destinato al segretario generale della Cgil che ha terminato il mandato. Così uno strapuntino è stato riservato a Susanna Camusso. Per una singolare par condicio, poi, un altro è andato alla sua collega Annamaria Furlan, ex segretaria generale della Cisl. Nuovi ingressi che non hanno nemmeno scalfito la minima percentuale di presenza femminile nel centrosinistra. Davvero deprimente.

In un Parlamento nel quale la destra ha fatto praticamente cappotto le donne non sono che il 31 per cento. Nella precedente legislatura erano il 35,3 per cento.

Meno donne e tutti più anziani, grazie anche al contributo dei rientri d'annata e delle reclute stagionate. L'età media alla Camera ha fatto un balzo di cinque anni, da 44 a 49 anni. E quella al Senato è salita da 52,1 a 56 anni. Nemmeno il Movimento 5 Stelle, classico serbatoio di gioventù, ha fatto mancare il proprio contributo alla causa dell'invecchiamento politico, con l'innesto dei magistrati Roberto Scarpinato e Federico Cafiero De Raho, 72 primavere a cranio.

Il taglio dei parlamentari era stato presentato dai suoi più decisi sostenitori, il Movimento 5 Stelle, come un'ulteriore mazzata a quella che nella letteratura politica è ormai nota come «la Casta»: termine, peraltro, troppo spesso usato a sproposito dagli stessi che finiscono per farne parte. Fatto in questo modo, per di più senza una legge elettorale seria e senza intervenire su un bicameralismo perfetto ormai anacronistico e inefficiente, si è rivelato purtroppo per il suo contrario. Cioè una mossa che ha rinserrato le file degli apparati politici, dove si è preferito stringere i ranghi dei cerchi magici riservando posti ai vecchi capibastone in omaggio all'usato sicuro. Pochissimi nomi nuovi messi davvero in condizione di giocarsela, meno donne anche in una sinistra rivelatasi ancora una volta ipermaschilista, zero innovazione anche nello schieramento del presunto Nuovo che avanza. Doveva servire a dare il colpo di grazia alla Casta, l'ha invece resa ancora più robusta e intoccabile. Tagliare il Parlamento per farvi rientrare i dinosauri.

Benvenuti a Villa Arzilla.

7

Le strutture regionali sono precarie, mal gestite, dominate dal clientelismo

Sabino Cassese, 17 agosto 2004

Il presidente viaggia in business

Non è più un ragazzino: i 60 sono dietro l'angolo. E va bene risparmiare, ma è un peccato grave regalarsi un minimo di relax quando si viaggia in aereo, su un'accogliente poltrona in business class? Un po' di comprensione... Spunta così, il 17 ottobre 2023, una bella delibera della giunta regionale del Lazio che autorizza il presidente Francesco Rocca, classe 1965, a viaggiare in business. Non sempre: ci mancherebbe. Solo se il volo ha durata superiore alle quattro ore. Ce lo vedete però il «governatore», come è abitudine chiamare oggi chi fa il suo lavoro, comodamente stravaccato in business con un calice di Franciacorta sul tavolino mentre i suoi accompagnatori stanno schiacciati come le sardine in economy? Non sia mai detto. Infatti lo stesso privilegio, afferma la delibera, tocca anche al vicepresidente: incarico che dal 13 marzo 2023 ricopre Roberta Angelilli, ex europarlamentare della destra e moglie del senatore di Fratelli d'Italia Andrea Augello, scomparso ad aprile dello stesso anno. Ma tocca anche agli assessori. E a tutti «i componenti e i collaboratori» che fanno parte di delegazioni per missioni istituzionali. La comitiva intera.

La Regione Lazio non andrà in bancarotta per qualche biglietto di business class, ovvio. Come non si può pretendere che un presidente viaggi con easyJet: a memoria d'uomo l'ha fatto solo il ministro dell'Economia Tommaso Padoa-Schioppa. Ma il biglietto di business fa parte di quelle piccole cose che spiegano come ha di nuovo preso a girare un certo mondo. Meglio, come non ha smesso mai di girare.

Il potere ha regole ben definite. A qualunque livello. La prima è che si misura in proporzione al numero di «pretoriani» intorno a chi lo detiene. E qui siamo a 130, mal contati. Nella segreteria di Francesco Rocca sono in 10. Altri 10 alla comunicazione istituzionale. Da non confondere con i rapporti istituzionali: lì ce ne stanno 8, inquadrati nel gabinetto del presidente. Che conta 98 persone, di cui 36 soltanto per un autoparco brulicante di autisti. Poi c'è l'ufficio stampa. Ancora 10. Undici se si conta anche la portavoce del presidente Carla Cace, arrivata dalla Croce rossa.

E qui c'è la seconda regola del potere: fedelissimi e amici non si lasciano mai per strada. Una regola coltivata con dedizione dal presidente della Regione Lazio nei lunghi anni al timone della Croce rossa, che impugna nel novembre 2008. Forse il momento di maggior influenza di Berlusconi. La destra che lo spalleggia si è pappata anche il Comune di Roma. Walter Veltroni è un ricordo, la stanza sul Campidoglio con vista mozzafiato sui Fori adesso è occupata da Gianni Alemanno. Il genero di Pino Rauti, fondatore di Ordine nuovo, ha sbaragliato al ballottaggio Francesco Rutelli. E in qualche settimana procede a un discreto repulisti in Comune. A capo del dipartimento politiche sociali piazza subito Rocca: da ragazzo ha militato come tutti gli altri della nidiata nostalgica nel Fronte della gioventù ed è uomo di fiducia dell'ex presidente della Regione Lazio Francesco Storace, che lo fa direttore dell'ospedale Sant'Andrea.

Nello scenario politico del Silvio Berlusconi quater, che appena riconquistata la presidenza del Consiglio cancella le ristrettezze imposte dal suo predecessore Romano Prodi, cominciando da quelle sui voli di Stato, il posto di commissario della Croce rossa gli calza a pennello. E Rocca non delude. Il debutto è con la seguente dichiarazione d'intenti: «Negli ultimi anni è prosperata una piccola casta che teneva i fili dell'ente. Con me non sarà più tollerata».

Questione di settimane e assume come portavoce Tommaso Della Longa, dirigente di Azione giovani, l'organizzazione giovanile di Alleanza nazionale, erede del missino Fronte della gioventù.

Ancora sei mesi e sulla presidenza della Sise, la società siciliana della Croce rossa che gestisce il servizio ambulanze nell'isola, atterra Alessandro Ridolfi, ex braccio destro dell'ex governatore del Lazio Francesco Storace che da ministro della Salute gli ha affidato la guida dell'Agenzia per i servizi sanitari regionali.

Nel frattempo fra i sindaci revisori della Sise spunta un certo Mauro Maritati, dal 2006 e fino alla pubblicazione di questo libro amministratore unico della Ciak servizi, società di proprietà di Rocca della quale Maritati ha il 5 per cento.

E l'esercito via via si ingrossa. Prima alla Croce rossa, poi in Regione.

Ecco Riccardo Iotti, ex assessore alla Cultura del Comune di Ardea, già militante di Azione giovani, ora capo della segreteria del presidente della Regione. Ecco Silvia Amici, ex consigliera municipale del Msi a Roma, in qualità di segretaria particolare. Ecco Adriano Valentini, alla guida del plotone della Comunicazione istituzionale. *Dulcis in fundo*, ecco Marcello De Angelis, ex parlamentare di Alleanza nazionale e direttore del «Secolo d'Italia» transitato in passato nei vari spezzoni della galassia neofascista, dal Msi ad Azione studentesca, a Terza posizione. Scontata una condanna per associazione sovversiva e banda armata, approda alla Destra sociale che nella coalizione berlusconiana gli spiana la strada per il Parlamento. Nel 2013 non viene rieletto, ma ci pensa il suo amico Francesco Rocca a dargli un posto: responsabile cultura della Croce rossa italiana, nel 2020. E tre anni dopo lo mette a capo della comunicazione istituzionale della Regione. Dove non manca di farsi notare repentinamente. Prima assume il fratello della sua compagna, Edoardo Di Rocco. Poi decide di esternare pubblicamente i propri dubbi sui responsabili della strage di Bologna del 2 agosto 1980. Pronto a giurare che i veri colpevoli non sono quelli condannati. Fra i quali anche l'altro cognato Luigi Ciavardini, marito di sua sorella Germana, e pure ex terrorista nero. Sottoposto a un intenso bombardamento da parte dell'opposizione, si deve dimettere.

Per completare il massiccio trasferimento alla Regione dei fedelissimi crocerossini, vorrebbe assumere anche Giuliana Fini, figlia dell'ex presidente di Alleanza nazionale e della Camera dei deputati. Lei però fa sapere pubblicamente, attraverso il padre Gianfranco, che resta dov'è.

Accetta invece volentieri Lorenza Lei: ex direttrice generale della Rai nel tratto discendente della parabola berlusconiana. Candidata alla Regione con una lista a sostegno di Rocca, esterna il singolare proposito di coniugare «sanità e cultura». Non convince gli elettori, ma la sua aspirazione non può cadere nel vuoto. Appena insediato, Rocca la nomina capo della struttura «cinema e audiovisivo» della Regione Lazio. Altre cinque persone per la sua corte.

Se non c'è, il posto si Laziocrea

Vent'anni fa l'economista Vito Tanzi ammoniva i tifosi del federalismo straccione in salsa italiana circa il pericolo di consegnare il potere nelle mani di una classe dirigente locale ancora meno all'altezza di quella nazionale. Ebbene, le Regioni sono la prova provata che quel pericolo non solo esiste, ma può produrre esiti terribili.

Fra le quindici Regioni a statuto ordinario il Lazio è una specie di cartina al tornasole dei peggiori difetti del nostro pseudofederalismo straccione. Negli ultimi trent'anni si sono alternati alla guida tre presidenti di sinistra (Piero Badaloni, Piero Marrazzo e Nicola Zingaretti) e tre di destra (Francesco Storace, Renata Polverini e Francesco Rocca). Senza che il corpaccione politico abbia subito sussulti rilevanti. I dipendenti regionali sono 4244. Una volta e mezzo quelli (3075) della Lombardia, regione che ha quasi il doppio degli abitanti.

Ma la legge prevede che per essere assunti si debba superare un concorso pubblico. Allora per aggirare le pastoie burocratiche si fa una società. Il personale svolge esattamente gli stessi compiti dei dipendenti della Regione, con la differenza che qui le assunzioni sono estremamente più facili. La società nasce nel 2001, quando la giunta è in mano alla destra. Anzi, le società. Perché sono due. Accanto alla principale, Lazio service, ne viene costituita una seconda con un ruolo teoricamente più specifico: Lait, ovvero Lazio innovazione tecnologica. Passano tre lustri e la giunta di sinistra decide di cambiare. Ma non per mettere fine a quella ipocrisia. Bensì per fondere le due società in una sola, più grossa, che in un impeto di fantasia viene battezzata Laziocrea. Nel 2015 Lazio service e Lait contano rispettivamente 1349 e 232 dipendenti, per un totale di 1581. Nel 2023 Laziocrea ne stipendia ben 1701.

Idem in Sicilia. Lì c'è la SaS, Servizi ausiliari Sicilia,

che fornisce personale alla Regione anche per i beni culturali, che per statuto autonomistico sono di competenza regionale. E senza risparmi: con 1729 buste paga. Questo almeno fino all'assorbimento di una seconda società regionale, la Resais, che ha come unica incombenza di stipendiare gli ex dipendenti di altre regionali decotte e chiuse. Però impossibili da licenziare. Così ora i dipendenti della SaS superano quota 2100. Un'armata, destinata a ingigantirsi ancora. Il nuovo presidente, nominato dalla giunta regionale attualmente guidata da Renato Schifani, è Mauro Pantò. Farmacista e imprenditore, si è candidato alle ultime regionali nelle liste della Dc siciliana ma è arrivato secondo. Meritandosi comunque la nomina al vertice della SaS, sponsorizzato da quel Salvatore «Totò» Cuffaro rientrato prepotentemente nell'agone politico dopo aver scontato la condanna per favoreggiamento della mafia. Fra le sue deleghe c'è la selezione e l'assunzione del personale.

Su scala decisamente più ridotta fa scuola anche il caso calabrese. In Calabria c'è il consiglio regionale con il maggior numero di dipendenti fra tutti i consigli regionali in rapporto ai consiglieri. Sono 417 per 32 eletti. Ben 13 a cranio, e senza contare le segreterie politiche a tempo determinato.

È come se alla Camera dei deputati, che ha compiti ben più gravosi di un qualunque consiglio regionale, i dipendenti fossero 5212 anziché 1009. Eppure si è sentito il bisogno anche qui di avere una società controllata. Caso più unico che raro per una assemblea elettiva. E che cosa fa Portanova spa? «Ha per scopo la gestione di servizi esternalizzati e pubblici di competenza del Consiglio regionale della Calabria e l'incremento occupazionale nell'ambito dello stesso territorio» dice lo statuto. Più chiaro di così? Portanova spa viene creata nel 2009 da un consiglio a maggioranza di centrosinistra per stabilizzare 33 precari. Oggi ne sono rimasti 26. Che sommati ai 417 di cui sopra fanno 443. A dispetto di ogni considerazione ispirata al buonsenso, quella società sopravvive da 15 anni.

Roba da far impallidire perfino il consiglio regionale del Lazio, che ha una pianta organica di 521 persone. Per 51 eletti, fa 10,2 dipendenti a persona. Più 167 addetti alle segreterie politiche, dove si trova di tutto: amministratori locali, amici e anche qualche illustre parente. Fino a quando non ha preso in mano le redini del partito di Giorgia Meloni, nel gruppo regionale di Fratelli d'Italia presta la propria opera Arianna Meloni, la sorella della premier.

Ma fa quasi tenerezza al cospetto di quanto accade altrove. Nel consiglio regionale della Campania i parenti entrano direttamente dalla porta principale. Alle ultime elezioni ne sono stati eletti almeno dieci. Su 51: oppure uno su cinque, se preferite. E sarebbero addirittura una dozzina, se Annarita Patriarca (figlia del Dc Francesco Patriarca) e Gianpiero Zinzi (figlio di Domenico Zinzi, ex parlamentare Udc) non fossero passati alla Camera rispettivamente con Forza Italia e Lega.

Chi sono i magnifici dieci? Carmela Fiola, figlia del

presidente della Camera di commercio ed ex consigliere comunale di Napoli, Ciro Fiola. Erasmo Mortaruolo, figlio dell'ex sindaco di Torrecuso, in provincia di Salerno, Domenico Mortaruolo. Vittoria Lettieri, figlia dell'ex sindaco di Acerra Raffaele Lettieri. Andrea Volpe, figlio del sindaco di Bellizzi, nel Salernitano, Domenico Volpe. Giovanni Mensorio, figlio dell'ex onorevole Dc Carmine Mensorio. Giuseppe Sommese, figlio dell'ex consigliere regionale Pasquale Sommese. Diego Venanzoni, figlio dell'ex assessore democristiano Francesco Venanzoni. Raffaele Maria Pisacane, figlio dell'ex onorevole Udc Michele Pisacane e della ex consigliera regionale Annalisa Vessella. Paola Raia, sorella dell'ex direttore dell'Agenzia regionale del turismo in Campania Luigi Raia, di Forza Italia. Massimiliano Manfredi, fratello dell'ex ministro e sindaco di Napoli Gaetano Manfredi.

Ma in Campania la Regione esercita un'attrazione formidabile sul connubio parentale. Si è dovuta fare una delibera per vietare l'assunzione di parenti dei consiglieri regionali fino al terzo grado negli uffici del consiglio regionale. La decisione è del 2013, quando la Regione è a guida centrodestra con Stefano Caldoro. E si è dovuta anche inasprire nel 2021, perché a quanto pare la delibera avrebbe comunque consentito l'ingresso dei parenti «negli staff dei presidenti delle commissioni, dei consiglieri dell'Ufficio di presidenza e del capo dell'opposizione»: lo denuncia su Facebook nel dicembre 2021 Valeria Ciarambino del Movimento 5 Stelle. Che parla «di ben 150 possibili parenti, inclusi figli, mogli e mariti, che non entravano dalla finestra, ma direttamente dal portone principale».

Nessuna delibera ha invece impedito l'assalto dei parenti nelle strutture sanitarie, se il dossier presentato nel 2017 in procura da Francesco Emilio Borrelli e Fabio D'Angelo, rispettivamente consigliere dei Verdi e presidente del Movimento infermieri campani, dice il vero. C'è scritto che, dei primi cento nomi di precari assunti in alcuni ospedali attraverso le agenzie interinali ed esaminati nella loro indagine, ben 71 hanno rapporti di parentela con altri dipendenti e sindacalisti.

La palla al piede dell'economia

La scellerata riforma del titolo V della Costituzione fatta dal centrosinistra all'inizio del 2001, nella pia illusione di arginare la valanga di voti per il centrodestra, non ha soltanto compromesso la solidità dello Stato unitario. Ha generato anche un clamoroso equivoco. E cioè che il presidente della Regione sia a tutti gli effetti un «governatore», come se l'Italia fosse una federazione di Stati. Tipo gli Usa, insomma. La conseguenza è che ogni presidente si sente autorizzato a prendere iniziative capaci di incidere sui diritti fondamentali dei cittadini. È la logica della famosa «autonomia differenziata» che ha fatto breccia da Nord a Sud.

Il leghista Luca Zaia sigla nel 2018 un accordo con

il ministro dell'Istruzione (leghista) Marco Bussetti per l'insegnamento della storia del Veneto nelle scuole della regione di cui è presidente.

Nella primavera precedente le elezioni regionali del settembre 2020, alle quali si presenta per essere riconfermato, il presidente dem della Regione Campania Vincenzo De Luca decide di alzare per i mesi di maggio e giugno a 1000 euro al mese le pensioni dei campani che non arrivano a quella cifra. La differenza rispetto all'assegno dell'Inps ce la mette la Regione, utilizzando i fondi strutturali europei.

A fine 2023 la Regione siciliana mette a punto una sanatoria per le costruzioni abusive tirate su fra il 1976 e il 1984 entro i 150 metri dalla battigia. Ma per il presidente Renato Schifani «non è un condono. È mettere ordine su una confusione legislativa che ha indotto persone a costruire, in buona fede, sul presupposto che la norma glielo consentisse».

La riforma del titolo V della Carta costituzionale ha spalancato il vaso di Pandora. Da allora le Regioni non perdono occasione per sfidare lo Stato. In un delirio di leggi, norme e regolamenti. Sabino Cassese stimava nel 1993 l'esistenza di 150.000 leggi nazionali. Sono diventate molte di più: la banca dati normativa censisce più di 200.000 atti nazionali vigenti. Ai quali vanno però aggiunte almeno 50.000 leggi sfornate dalle Regioni a partire dal 1970, in un conflitto crescente con il potere centrale.

Lo dicono chiaramente i numeri. Dal 1995 al 2000 il governo ha impugnato davanti alla Corte costituzionale 46 leggi regionali: una media di nove l'anno. Ma dal 2001, quando i poteri regionali sono stati ampliati improvvidamente, al 2014 le impugnazioni sono state 871. In media 62 l'anno. E dopo la bocciatura del referendum costituzionale nel dicembre del 2016 la situazione è precipitata. Il 3 ottobre 2019 il ministro degli Affari regionali Francesco Boccia è sbottato: «Ogni anno vengono impugnate oltre 120 leggi regionali. Così non si può andare avanti».

Parole al vento. Nemmeno la pandemia ha spinto la classe politica a prenderne atto, dimostrando l'assurdità di un sistema sanitario che da decenni non assicura gli stessi diritti a tutti i cittadini italiani, alla faccia dell'articolo 32 della Costituzione. Abbiamo esteso i poteri delle Regioni a materie assurde, come il lavoro, gli ammortizzatori sociali, le reti elettriche, le strade, le dighe e perfino i funerali. E ora si va avanti senza più freni. Al ministero degli Affari regionali hanno messo Roberto Calderoli, uno dei fautori più accaniti dell'«autonomia differenziata»: il colpo di grazia definitivo allo Stato unitario. Il ministro leghista ha trionfalmente presentato una direttiva per «migliorare il raccordo fra Stato e territori» con l'obiettivo di ridurre il numero delle leggi regionali impugnate dallo Stato. Tutto qui. Facile immaginare che cosa potrà succedere, se il ministero competente è affidato al promotore di quella che da molti è definita come la secessione strisciante dei ricchi.

Le conseguenze della divisione del Paese in 21 Staterelli sono state drammatiche anche per l'economia. Dal

2001 al 2022, come si può rilevare dai dati del Fondo monetario internazionale, il Prodotto interno lordo reale dell'Italia è cresciuto di un misero 4,4 per cento, contro il 26,4 di Francia e Germania e il 32,2 della media degli altri Paesi dell'eurozona. Siamo riusciti perfino a fare appena meglio della Grecia (più 0,8 per cento). Al contrario, a partire dal dopoguerra e fino al 2001, l'anno della riforma del titolo V, la crescita economica media annua italiana era stata in linea con quella degli altri grandi Paesi fondatori dell'Unione europea.

La resurrezione dei privilegi

Non bastasse, l'ampliamento dei poteri regionali non ha comportato alcun miglioramento qualitativo della classe politica locale. Un rigonfiamento dei privilegi, questo invece sì.

Mai però perdere di vista il peccato originale. Spiega molte cose. Mercoledì 23 dicembre 1970 è un giorno speciale, e non solo in quanto antivigilia di Natale. Il Parlamento approva la legge che istituisce le Regioni, a ventitré anni di distanza da quando, il 1° gennaio 1948, è entrata in vigore la Costituzione che già le prevede. Un anno prima a Milano, nella sede della Banca nazionale dell'Agricoltura in piazza Fontana, una bomba fascista ha aperto l'epoca degli anni di piombo. E appena due settimane prima, la notte del 7 dicembre, il principe Junio Valerio Borghese e i suoi accoliti hanno tentato un grottesco colpo di Stato che ispirerà nel

1973 il film di Mario Monicelli *Vogliamo i colonnelli*. A capo del governo c'è uno spaesato Emilio Colombo, l'undicesimo presidente del Consiglio democristiano del ventiseiesimo governo dalla nascita della Repubblica. È approdato a palazzo Chigi nel mese di luglio, mentre Reggio Calabria è già in fiamme. I neofascisti missini guidati da Ciccio Franco soffiano sul fuoco di una rivolta scoppiata quando si è saputo che il capoluogo della Regione Calabria non sarà Reggio ma Catanzaro. Deve intervenire l'esercito con i carri armati. Alla fine si conteranno sei morti e decine di feriti. Oltre ai cadaveri, dei moti di Reggio Calabria resta il grido di battaglia «Boia chi molla!»: copyright di Roberto Mieville, fondatore nel dopoguerra prima dei Fasci di azione rivoluzionaria in clandestinità e poi del Movimento sociale, morto in un incidente stradale nel 1955.

Ma soprattutto rimane a imperitura testimonianza una follia istituzionale. Quella per cui la Regione più povera d'Italia si permette il colossale spreco di avere la sede della giunta (il governo regionale) a Catanzaro e il consiglio (il parlamentino regionale) a Reggio Calabria. Distante 154 chilometri. Invece a Cosenza, 186 chilometri da Reggio Calabria e 95 da Catanzaro, piazzano la sede della Rai. Per non umiliare la città del potentissimo segretario socialista Giacomo Mancini.

La deriva dei partiti è già iniziata. E la legge del 23 dicembre 1970 allenta d'un colpo tutti i freni inibitori già presenti nel sistema. A cominciare da quelli introdotti nel 1953. C'è una legge approvata quell'anno, in previsione della nascita delle Regioni, che mette le mani avanti: i futuri consiglieri regionali non potranno essere equiparati a parlamentari. Dunque non devono avere le loro stesse prerogative. Di stipendio, nemmeno a parlarne. Al massimo un gettone di presenza. La paga mensile spetterà solo ai presidenti del consiglio e della giunta: ma non superiore a quella del funzionario di Stato di terzo grado, sia chiaro. Quanto ai vitalizi, non se ne parla proprio.

Passano diciassette anni e cambia tutto. Il 23 dicembre 1970 quell'armamentario così morigerato va in pensione. La nuova legge precisa che quella roba del 1953 ha valore solo transitorio, fino all'entrata in vigore degli statuti regionali. Che arrivano ben presto, affermando un principio fondamentale. Contrariamente a quanto stabilito nel 1953, i consiglieri regionali sono esattamente come i parlamentari. E senza badare a spese.

Ecco allora stipendi (faraonici) per tutti, vitalizi d'oro, pensioni gratis grazie ai contributi figurativi, segreterie infarcite di amici e parenti, eserciti di personale raccomandato e la irrefrenabile proliferazione di gruppi politici con contributi milionari pagati dalla collettività.

Finché, nel 2011, qualcosa sembra cambiare. C'è la crisi finanziaria, la gente è di nuovo indignata per i costi e i privilegi di una certa politica. Il vitalizio è la prima cosa che salta. Non l'assegno di chi già lo percepisce, né quello che toccherebbe ai consiglieri allora in carica. E si ha la cura di evitare anche sgradite sorprese, come quella del decreto di Mario Monti che vorrebbe impedire ai nostri eroi di non incassare comunque il vitalizio prima dei 66 anni di età e senza almeno dieci anni di contributi versati.

Assistiamo così all'ultima valanga, nella quale si distingue in particolare la Regione Lazio, dove ancora nel 2013 si può intascare il vitalizio a cinquant'anni di età. Capita così che a 51 anni e con tre anni scarsi di mandato l'attuale sottosegretaria alla Difesa Isabella Rauti abbia avuto diritto a 2611 euro netti al mese (naturalmente fino a quando non è stata eletta in Parlamento, nel 2018). Idem Paolo Cento, ex sottosegretario all'Economia del secondo governo Prodi, stessa età e stesso (quasi) vitalizio dopo soli tre anni: 2467 euro netti al mese come Marco Mattei, capo di gabinetto del ministro meloniano della Salute Orazio Schillaci, all'epoca 50 anni tondi. E non sono che alcuni casi. C'è stato perfino quello del primo dei non eletti della lista Italia dei Valori alle regionali del 2010, Sabatino Leonetti, subentrato a dicembre 2012 al dimissionario Vincenzo Maruccio che per cinque mesi di permanenza nel consiglio regionale, durante i quali c'è stata una sola seduta, ha acquisito secondo le regole vigenti allora il diritto a un vitalizio di 3037 euro netti al mese. Pagando i contributi, s'intende. E a 64 anni di età, non certo 50. Ma ha un senso?

Si potrebbe ricordare che il record assoluto dei baby vitalizi non spetta al Lazio bensì alla Sardegna, dove la ex presidente giovanissima del consiglio regionale

Claudia Lombardo l'ha avuto a 41 anni, dopo averne passati venti nell'assemblea. Pensionata, se così si può definire, con quota 61.

Tempi duri per i politici locali, quelli seguiti allo scandalo del 2012 della Regione Lazio. Quando si scopre che i soldi dei contributi pubblici ai gruppi degli eletti vengono utilizzati per spese e godimenti personali dei singoli consiglieri. Partono le inchieste in tutta Italia, che coinvolgono più di cinquecento consiglieri regionali. Con strascichi ancora visibili. Alla Camera, come si è visto, occupa un seggio di Fratelli d'Italia la ex consigliera regionale del Piemonte Augusta Montaruli, condannata in via definitiva a 1 anno e 6 mesi per peculato.

Tempi durissimi, all'apparenza. Arriva un limite alle retribuzioni, anche se l'economista Roberto Perotti si accorge che, miscelando furbescamente le indennità tassate con i rimborsi esentasse, in nove Regioni i consiglieri si mettono in tasca più soldi di prima. E i vitalizi sono stati aboliti. Ma gli anni non passano invano. Il referendum del dicembre 2016 boccia la legge costituzionale voluta da Matteo Renzi che avrebbe ridotto i poteri delle Regioni e imposto un tetto alle prerogative dei consiglieri regionali, partendo dai loro stipendi. La talpa allora riprende coraggio e torna a scavare. Il Parlamento ha cambiato il vecchio sistema dei vitalizi, introducendo il metodo contributivo per calcolarli? Ebbene, perché mai le Regioni non potrebbero fare la stessa cosa?

E così avviene. Nel 2019 si mettono tutti d'accordo, Regioni governate dalla destra e governate dalla sinistra, per la rinascita dei vitalizi. Funzionerà così. Il contributo da pagare per avere l'assegno futuro è del 33 per cento: il 25 a carico della Regione e il restante 8 a carico del consigliere. Come per i parlamentari, bastano cinque anni di mandato e 65 di età. Ma se i mandati sono due, allora il vitalizio si intasca già a 60 anni. E si può cumulare con la pensione ordinaria che nel frattempo viene quasi regalata anch'essa con i contributi figurativi sulle spalle della collettività. I comuni mortali, che invece senza almeno quarantuno anni di contributi versati la pensione la possono soltanto sognare, devono aspettare di avere 67 anni e mezzo, se va bene.

Non bastasse, nelle pieghe delle varie leggi regionali che resuscitano i vitalizi è previsto che l'assegno non potrà mai essere inferiore a due volte la pensione minima dell'Inps.

La restaurazione è completata.

Se il potere è per sempre

Non si fermano davanti a niente. Neppure alla legge che i loro stessi partiti hanno voluto. Hanno dichiarato guerra alla cosa più giusta mai fatta finora in materia elettorale. Ovvero, il limite massimo di due mandati alla presidenza di una Regione.

Ora tutti vogliono fare il terzo mandato, sebbene una legge lo vieti da vent'anni, anche se spesso aggirata. È la legge numero 165 del 2 luglio 2004. L'articolo 2, primo comma, lettera f) stabilisce che il presidente della giunta regionale non può restare al potere per più di due mandati consecutivi. Dieci anni al massimo, ed è già abbastanza. L'ha voluto un governo di Silvio Berlusconi, di cui il fondatore della Lega Umberto Bossi è il ministro delle Riforme e della Devoluzione. Eppure le opposizioni più dure vengono proprio dai presidenti di Regione del centrodestra.

La regola è la stessa che vale anche per i sindaci. Si tratta di un criterio abbastanza diffuso nell'Occidente, per una ragione semplicissima che coincide con il principio fondamentale della democrazia, secondo cui la gestione del potere non può durare all'infinito.

Ma in Italia, grazie ai nostri curiosi meccanismi istituzionali, per applicare concretamente il limite dei due mandati c'è un ostacolo. È la stessa legge numero 165 del 2004. Perché lì c'è anche scritto che quel limite per diventare operativo dev'essere recepito negli ordinamenti regionali. Significa che ogni Regione dovrebbe approvare una propria legge introducendo quel tetto. Una pillola avvelenata.

Sarebbe semplicemente un atto dovuto, perché la norma nazionale prevale su quella regionale. Ma se la legge regionale per qualche motivo non si fa, il limite non scatta. E siccome nelle Regioni è praticamente impossibile legiferare contro la volontà del presidente eletto a suffragio universale, che logicamente vuole occupare la poltrona più a lungo possibile, l'ostacolo è davvero serio. Fino a diventare insormontabile.

La faccenda è finita anche alla Corte d'appello, che però non è stata in grado di risolverla. O meglio, ha sentenziato che il limite di due mandati potrebbe essere efficace comunque, anche senza legge regionale. A patto di avere la sua prima applicazione dopo l'entrata in vigore della legge nazionale. Cioè dal 2004.

Grazie a tale interpretazione della regola Roberto Formigoni, eletto nel 2005 presidente di Regione per la terza volta consecutiva, ha potuto fare il terzo e poi anche il quarto mandato. Nel 2013 si è alzato dopo diciotto anni da quella poltrona per trasferirsi in Senato. C'era allora, in tutta Europa, soltanto una persona che aveva potere su un territorio di dieci milioni di abitanti, come la Lombardia, da più tempo del «Celeste». Aleksandr Lukašenko, presidente della Bielorussia dal 1994.

Ma quella interpretazione della regola ha favorito anche un presidente del centrosinistra qual era Vasco Errani, che ha potuto fare tre mandati. Più lo scampolo di un quarto mandato prima che entrasse in vigore nel 2000 la nuova legge sulle elezioni regionali. Tempo totale al potere: 5606 giorni. Idem l'ex presidente del Molise Michele Iorio, che oltre ai 4495 giorni passati da «governatore» ne ha trascorsi in precedenza da vicepresidente in diverse giunte prima dell'entrata in vigore della legge sul suffragio universale regionale altri 1669. Per un totale di 6164.

La questione dell'applicabilità del limite dei due mandati anche in assenza di una legge di recepimento regionale è comunque ancora molto discussa. Resta il fatto che, dove è stata fatta, il terzo mandato non è praticabile. A differenza della Lombardia, che quella legge non l'ha mai approvata, l'Emilia-Romagna per esempio ce l'ha. Il che metterebbe in crisi le eventuali aspirazioni dell'attuale presidente della Regione, Stefano Bonaccini, a proseguire l'incarico.

Ma quanto a creatività la patria del diritto non ha eguali. Guardate, per esempio, come ha fatto la Regione Veneto a consentire a Luca Zaia di restare in sella per la terza volta. La legge regionale sul limite dei due mandati è stata approvata nel 2012, quando Zaia era già presidente da un paio d'anni, ma con la postilla che i due mandati si calcolano solo a partire dal successivo. Nessuno alza un dito, sebbene la cosa gridi vendetta. Perché se è vero che il limite dei due mandati ha comunque efficacia dall'entrata in vigore della legge nazionale, cioè dal 2004, allora la legge regionale del Veneto non sta in piedi. Dovrebbe essere cancellata senza alcuna discussione. A palazzo Chigi c'è Mario Monti, e non succede nulla.

Logico quindi che al lodo Zaia punti anche De Luca. Il 3 agosto 2021 dice: «Faremo quello che ha fatto la Regione Veneto e che hanno fatto altre Regioni. Da quando si approva la legge elettorale della Campania scatta la norma dei due mandati, niente di particolarmente innovativo». Confida magari, De Luca, di riuscire a battere il record di Formigoni. Se non quello di Luis Durnwalder, presidente della Provincia autonoma di Bolzano ininterrottamente per venticinque anni: da marzo 1989, con il Muro di Berlino ancora in piedi e Ciriaco De Mita a palazzo Chigi, fino al gennaio 2014, con Matteo Renzi che si appresta a scalzare Enrico Letta dalla presidenza del Consiglio.

«Staremo qui ancora per molti, molti anni...» gli piace ripetere. Finché, direbbe Barack Obama, si sarà perso il senso della realtà.

Sempre che non sia già accaduto.

8

Le roi est mort, vive le roi!

Duca d'Uzès, 1422

La scassinatura blasfema

«Le chiavi! Chi ha le chiavi?» chiedevano a tutti. Ma non c'era verso di farle saltare fuori, quelle maledette chiavi. Che poi «maledette», a pensarci bene, non era proprio l'aggettivo più adatto. Benedette, ecco, sarebbe stato meglio: sì, benedette. Perché erano le chiavi della casa del papa. Cioè del Quirinale, che comunque chiamarla casa suonava un po' riduttivo.

Il pomeriggio del 21 settembre 1870, mercoledì, la città di Roma era completamente nelle mani dell'esercito di sua maestà Vittorio Emanuele II, re d'Italia. La battaglia era finita da più di un giorno. Gli zuavi papalini si trovavano tutti al sicuro all'interno delle mura leonine del Vaticano dove dal giorno prima si era rifugiato Pio IX: al secolo, Giovanni Maria Battista Pietro Pellegrino Isidoro Mastai Ferretti. Il Quirinale era vuoto. Le stanze abbandonate. I corridoi deserti. E il portone sbarrato.

Con i francesi fuori gioco la presa di Roma doveva essere una pura formalità, anche se il generale tedesco Hermann Kanzler, capo delle forze armate pontificie, aveva rifiutato la resa. Ma tutti, pur considerando l'esito inevitabile, erano consapevoli del peso della storia e si comportarono di conseguenza. La fine del potere temporale del papa non poteva passare ai posteri senza una cerimonia bellica con un minimo spargimento di sangue. Dunque erano disposti ad affrontarla, a patto di farsi meno male possibile.

Allo scopo di creare qualche imbarazzo fra i generali piemontesi, il papa minacciava di scomunicare chiunque avesse attentato all'integrità dello Stato pontificio. A questa mossa da scacchista condivisa con il navigato segretario di Stato, l'ultrareazionario cardinale Giacomo Antonelli, lo Stato maggiore italiano aveva risposto con una contromossa all'altezza. Al comando delle artiglierie c'era un capitano campione di balistica ebreo. Dunque indifferente alle minacce di scomunica. Si chiamava Giacomo Segre, nonno dello storico Paolo Alatri, deputato del Partito comunista dal 1963 al 1968.

Poche palle di cannone furono sufficienti per aprire un varco nella parte più fragile delle mura aureliane, un centinaio di metri a ovest da Porta Pia, risparmiando così l'opera di Michelangelo che l'aveva progettata nel 1561 per volontà di Pio IV. Per di più era un pezzo di muro confinante con i giardini di Villa Bonaparte, oggi sede dell'ambasciata di Francia presso la Santa sede. Alla faccia dei francesi impossibilitati a intervenire in difesa del papa, come avevano fatto nel 1849 e nel 1867, causa la batosta subita da parte dei tedeschi a Sedan pochi giorni prima, il 2 settembre.

La sproporzione delle forze in campo lasciava supporre che la prevedibile scaramuccia si sarebbe conclusa dopo qualche colpo di moschetto. Ma le cose si complicarono, pare, anche per incomprensioni sulla bandiera bianca che i papalini avrebbero dovuto, ma forse non voluto, sventolare. E non furono nemmeno loro ad avere la peggio. Il bollettino di guerra riportò 49 perdite e 141 feriti fra gli italiani contro 20 zuavi morti e 49 feriti.

Cadde anche il maggiore Giacomo Pagliari, comandante dei bersaglieri, abbattuto da una scarica di fucileria mentre gridava ai suoi di cessare il fuoco perché finalmente qualcuno fra gli assaliti aveva tirato fuori la bandiera bianca. Originario di Cremona, era caporale dell'esercito austriaco, ma nel 1848 aveva disertato insieme a tutto il suo reggimento per combattere con i Volontari lombardi, coprendosi poi di gloria in Crimea e in tutte le battaglie più cruente del Risorgimento. Nelle guerre d'indipendenza ci avevano già lasciato la pelle i suoi tre fratelli minori Alessandro, Carlo e Innocente. E a lui che se l'era sempre cavata toccava adesso morire nel modo più insulso, quando tutto era finito e senza nemmeno sapere da quale parte arrivassero le pallottole che l'avrebbero fatto secco. Di Giacomo Pagliari resta un busto sul Gianicolo e una piccola strada che porta il suo nome fra i palazzi edificati a fine Ottocento di fronte alla breccia.

Se fosse andata in un altro modo, magari quelle benedette chiavi sarebbero saltate fuori. Forse il cardinale Antonelli, cui il luogotenente del re Alfonso Ferrero di La Marmora le aveva chieste in modo perentorio, si sarebbe degnato almeno di una risposta. Invece nulla: la via diplomatica era completamente chiusa. Mentre i giorni passavano.

Nel frattempo le caselle del nuovo potere urbano erano state pressoché tutte sistemate. Il governo italiano allora presieduto da Giovanni Lanza aveva designato il questore, nella persona del futuro primo capo della polizia di Stato Luigi Berti. E il generale Raffaele Cadorna aveva nominato a tamburo battente la giunta comunale provvisoria, affidandone la responsabilità a un ex fedele di Pio IX, il ministro della polizia pontificia Michelangelo Caetani, duca di Sermoneta. Il quale tuttavia, per non rompere con la tradizione secolare delle porte girevoli all'italiana, tre mesi dopo la presa di Roma sarebbe stato eletto deputato nel Parlamento del Regno d'Italia, usurpatore del papa che il duca aveva servito per molti anni. Da secoli la nobiltà romana controllava la burocrazia pontificia, e un occhio di riguardo era d'obbligo. Ma un occhio davvero speciale.

Ecco allora che accanto a Caetani vennero chiamati il 22 settembre a far parte della giunta provvisoria cinque nobili di famiglie al soglio pontificio, ma scelti fra i liberali e oppositori del potere temporale. C'era chi, il principe Emanuele Ruspoli, era stato volontario nell'esercito piemontese durante la seconda guerra d'indipendenza. E chi, il duca Francesco Sforza Cesarini, aveva dovuto subire l'onta della confisca di tutti i beni da parte del papa per aver fiancheggiato i garibaldini nel 1867. Ma pure chi, il principe Baldassarre Odescalchi, si era dovuto rifugiare a Firenze capitale del Regno d'Italia per evitare il trattamento che Pio IX riservava ai suoi oppositori liberali.

Tecnicamente sarebbe stata una provocazione, sempre se ci fosse stato qualcuno che valesse la pena di provocare. Di sicuro, il gesto non allentava la tensione. E le chiavi del Quirinale non uscivano. Roma era stata occupata con la forza, che ora gli italiani se la sbrigassero da soli. Le sollecitazioni prima cortesi, poi più formali, infine decisamente ruvide presentate al segretario di Stato cadevano regolarmente nel vuoto.

Si andò avanti per due settimane almeno, finché la mattina del 9 ottobre la misura era colma. Questa storia era andata avanti pure troppo. In mancanza delle chiavi, ad aprire la porta della reggia che in tre secoli aveva ospitato una trentina di rappresentanti di Dio sulla Terra ci avrebbe pensato il fabbro.

Immaginate la scena? Un fabbro che forza la serratura del portone principale del palazzo del Quirinale sotto lo sguardo vigile e incuriosito dei carabinieri. Per dare garanzia di legalità all'intervento del valente artigiano del ferro Giuseppe Capanna, la blasfema scassinatura avvenne al cospetto del questore di Roma Berti, del commissario per il Demanio Emanueli e di un rappresentante della giunta municipale provvisoria nella persona del futuro senatore Pietro De Angelis. Uno che aveva combattuto la prima guerra d'indipendenza con i Volontari romani del Veneto. La regolarità formale fu garantita dalla presenza dei notai Fabio Tiratelli e Franchi: coadiuvati, secondo il verbale redatto alla fine dell'intervento, dai rispettivi giovani di studio. E perché l'effrazione fosse inattaccabile anche dal punto di vista tecnico, vi assistettero due ingegneri, Comorto e Riggi i loro nomi, nonché un architetto, tal De Santis.

A memoria d'uomo non si ricorda un episodio simile, da quando esistono le serrature. Ma a parte il dettaglio del fabbro, l'occupazione del Quirinale rientrava perfettamente nell'ordine delle cose. Un re che abbatte un altro re occupandone il regno, dove si può insediare se non nella reggia dello sconfitto?

Accadeva nei primi giorni di autunno del 1870. E accadde nuovamente tre quarti di secolo più tardi. Ma con una bella differenza, e non perché il 13 giugno 1946 non si sarebbe reso necessario chiamare il fabbro ferraio. Tutto si svolse pacificamente: Umberto II uscì dal palazzo, salutò sorridendo militari, funzionari e collaboratori, salì in macchina e scomparve. La differenza era che a prendere il suo posto al Quirinale non sarebbe stato un altro re. Ma il presidente di una Repubblica parlamentare.

Nella reggia il presidente al posto del re

Il presidente della Repubblica francese soggiorna all'Eliseo. Un palazzo costruito all'inizio del Settecento per il conte d'Évreux Louis Henri de La Tour d'Auvergne, successivamente dimora della marchesa di Pompadour Jeanne-Antoinette Poisson. Il palazzo reale del Louvre è il più grande museo d'Europa, e la reggia di Versailles accoglie ogni anno tre milioni di visitatori.

Anche la presidenza della Repubblica federale tedesca non è in una reggia. Ma in un elegante palazzo neoclassico di Berlino, residenza estiva dei familiari di Federico II di Prussia, poi diventato museo, poi trasformato in albergo, infine adibito a sede istituzionale.

Ci sono in Europa, è vero, alcune presidenze repubblicane che occupano le vecchie corti monarchiche. Come in Austria, dove un'ala della Hofburg, reggia degli Asburgo, è destinata alla presidenza della Repubblica. O in Portogallo. Ma il caso italiano è unico. Perché prima di essere la reggia dei Savoia il Quirinale era la reggia del papa. Effettivamente, che il centro del potere monarchico e religioso diventi il fulcro di una democrazia parlamentare repubblicana e laica è un fatto singolare. Si potrebbe anche ricordare come, in passato, gli edifici pubblici pagani venissero regolarmente trasformati in chiese cristiane.

Ma non è certo per emulare quel lontano passato che si sceglie il Quirinale come sede della presidenza della Repubblica. Forse si dà semplicemente per scontato. Senza riflettere sul valore della forma. Che mai come in circostanze simili è sostanza. Da un Paese che caccia il re a furor di popolo, con un referendum, è logico aspettarsi che venga tracciato un solco fisico con il passato. Cominciando dai luoghi del potere. Questo invece non accade, tranne che per palazzo

Venezia e villa Torlonia, quartier generale e residenza di Benito Mussolini.

Il fatto è che tutto il resto avviene in perfetta continuità con il passato monarchico e fascista. È un'Italia poco incline alle fratture, e dove la maggioranza della popolazione fino al dramma della guerra non osteggia il regime ma ci convive placidamente. La politica repubblicana lascia sopravvivere apparati pubblici monarchici e grandi burocrati compromessi con il fascismo, lestissimi a dismettere il fez per indossare un Borsalino passando dal «Voi» al «Lei». Il risultato è che gli italiani rimangono sudditi anche se formalmente sono diventati cittadini.

C'è qualcuno però cui non sfugge l'importanza dei simboli in un Paese che deve rompere con il passato. L'avvocato napoletano Enrico De Nicola, capo provvisorio dello Stato per un anno e mezzo e poi presidente della Repubblica per cinque mesi, si rifiuta di dormire al Quirinale. Pure il suo successore Luigi Einaudi, primo governatore della Banca d'Italia postfascista, è riluttante. A differenza dei successori. Soltanto Sandro Pertini e Francesco Cossiga non abiteranno nella reggia papalina e savoiarda.

Einaudi è il primo presidente eletto dal Parlamento, nel maggio del 1948. La Costituzione è in vigore da gennaio, e non c'è ancora un atto formale che indichi il Quirinale come sede della presidenza della Repubblica.

Nei fatti lo è già, ma c'è comunque bisogno di un atto pubblico che lo certifichi ufficialmente. Una legge. Il ministero della Real Casa non esiste più. L'ha soppresso qualche giorno dopo il referendum del giugno 1946 il presidente del Consiglio Alcide De Gasperi. E il ministro Falcone Lucifero ha dovuto lasciare il posto a un commissario governativo. Si chiama Pietro Baratono, è un consigliere di Stato che Pietro Badoglio ha nominato sottosegretario alla presidenza del proprio governo il 26 luglio 1943, il giorno dopo la caduta del fascismo e di Mussolini.

Baratono è un funzionario pubblico tutto d'un pezzo. Non è fascista ma, per obbligo di legge, dal 9 marzo 1937 come tutti i funzionari pubblici deve avere in tasca la tessera del Partito nazionale fascista. Nel 1938 è prefetto di Torino e gli succede una cosa senza precedenti nell'alta burocrazia governativa: viene espulso dal partito e perde il posto. Che cosa ha combinato? Si è messo di traverso ai disegni del gerarca Piero Gazzotti, presidente della Federazione degli artigiani fascisti. Ma soprattutto amicissimo del segretario del partito Achille Starace. Baratono non ne sopporta l'arroganza e tanto meno si vuol far mettere i piedi in testa dal federale di Torino. Che lo considera un residuato dell'epoca giolittiana ostile al regime. E lo fa saltare come un tappo di spumante.

Finita la guerra, a Baratono tocca l'incarico di organizzare le epurazioni al ministero dell'Interno, ma anche lì pianta una grana. Per lui l'Alto commissariato nazionale per l'epurazione, incarico che dal giugno 1944 è guidato dal repubblicano Carlo Sforza, ha la mano troppo leggera. Insomma, è un funzionario pubblico particolarmente zelante. Traduzione: un rompiscatole. Proprio quello che ci vuole per mettere in riga la Real Casa. Ma Baratono non riesce a completare il lavoro: muore il 4 dicembre 1947. Al suo posto arriva l'avvocato Luigi Peano, uno dei Patrioti Volontari della libertà che dopo l'8 settembre 1943 combattono contro i nazifascisti. Ma è una meteora, perché il 1° gennaio del 1948 entra in vigore la Costituzione, l'11 maggio Luigi Einaudi viene eletto presidente della neonata Repubblica e all'inizio di agosto i giochi sono fatti.

I dromedari di Gronchi

«La dotazione del presidente della Repubblica è costituita dal palazzo del Quirinale, dai fabbricati San Felice e Martinucci e collegata autorimessa, siti in Roma, via della Dataria [...] nonché dalla tenuta di Castelporziano esclusi tutti i terreni attualmente affittati, e da tutti i mobili e le pertinenze dei beni medesimi»: dice così la legge voluta da De Gasperi e approvata dalla Camera il 4 agosto a votazione segreta con 284 favorevoli e 17 contrari. A Montecitorio quelli del partito monarchico sono sedici, poi ci sono i sei deputati neofascisti del Movimento sociale italiano capeggiati dall'ex segretario di redazione della «Difesa della razza» Giorgio Almirante.

Va tutto secondo copione. Ma quella legge, a distanza di tre quarti di secolo, fa pensare. «La vostra commissione è partita dalla considerazione del diverso profilo che il capo dello Stato nell'ordinamento repubblicano assume in confronto del monarca [...] perché il presidente è la vivente immagine della democrazia politica che richiede quella semplicità di costume che [...] meglio si confà con l'intima esigenza di giustizia della coscienza umana» scrive il relatore Ezio Amadeo, repubblicano. E ancora: «Partendo da questa impostazione la commissione ha sentita la necessità di operare un taglio netto col passato e di determinare la dotazione del presidente senza sentirsi vincolata da quella che fu la dotazione della corona [...] ritenendo adeguati all'uso di residenza presidenziale e di sede della relativa amministrazione il palazzo del Quirinale e i fabbricati San Felice e Martinucci e collegata autorimessa, nonché la tenuta demaniale di Castelporziano...». Alla faccia del «taglio netto».

La reggia romana dei papi e dei Savoia, più annessi e connessi e un fondo di 6039 ettari con quattro tenute di caccia. Ovvero una superficie una volta e mezzo più estesa di quella del Comune di Bergamo. Per la serie della «semplicità di costume» richiesta per «la vivente immagine della democrazia politica» incarnata dal presidente della Repubblica.

E siccome non è ancora abbastanza, ci pensa nel 1957 il governo del democristiano Antonio Segni, anch'egli futuro capo dello Stato, a integrare la sobrietà quirinalizia con i beni reali colpiti dal «taglio netto». Aggiungendo alle dotazioni della presidenza della Repubblica, con una legge ispirata da chi in quel momento è inquilino del Quirinale, il democristiano Giovanni

Gronchi, altre due perle appartenute alla Corona custodite dal demanio repubblicano. La prima è «il complesso immobiliare» della spettacolare Villa Rosebery «e relativo arredamento» a Napoli. La seconda è la tenuta di San Rossore in provincia di Pisa, «con le relative scorte vive e morte risultanti dai rispettivi inventari». Altre migliaia di ettari, che fanno ormai del Quirinale di gran lunga il maggiore proprietario terriero del Paese. Proprio come un tempo la Corona.

Dal patrimonio del granduca Leopoldo II d'Asburgo-Lorena, la meravigliosa e sterminata tenuta di San Rossore finisce nel 1860, come effetto collaterale del plebiscito che annette il Granducato di Toscana al Regno di Sardegna, in mano ai Savoia. Che finalmente possono fare le vacanze al mare. I membri della Casa reale italiana e i loro rampolli ci passano l'estate. Ogni anno. Anche il 5 settembre del 1938 Vittorio Emanuele III è a San Rossore, dove compie il gesto più infame del peggiore, e di fatto ultimo, regno della dinastia mettendo la propria firma alle leggi razziali.

Nella tenuta, per il sollazzo delle doppiette coronate, la fauna selvatica abbonda. Ma fra daini e cinghiali è possibile avvistare pure qualche dromedario. Nella tenuta ce ne sono a decine. Il primo l'ha portato nel 1622 il granduca di Toscana Ferdinando II de' Medici, e da tre secoli fanno ormai parte dell'habitat moltiplicandosi felicemente. Finché gli artiodattili toscani non rischiano l'estinzione, trasformati in bistecche e spezzatino dagli affamati soldati della Wehrmacht durante l'occupazione tedesca.

Chissà da quanto tempo ci sta pensando, Giovanni Gronchi. È nato a Pontedera. Alla Normale di Pisa si è laureato in lettere. E Pisa è da sempre il suo collegio elettorale. San Rossore è proprio lì, a una manciata di chilometri di distanza, affacciata sulla splendida costa del Tirreno. E quando viene eletto al Quirinale dev'essere una delle prime cose che gli passa per la mente. Prendersi la tenuta dei suoi sogni da bambino. Esagerando pure un tantino, come chi non ha chiari i limiti del proprio ruolo istituzionale e si fa prendere la mano dal potere.

Nella tenuta c'è un rudere, un vecchio casino di caccia diroccato. Su quel posto il capo dello Stato fa costruire una enorme villa di 640 metri quadrati sopraelevata, sospesa su giganteschi supporti d'acciaio per riuscire a vedere il mare, ammirando un panorama di sconvolgente bellezza: sarà questa la nuova residenza estiva del presidente della Repubblica, come lo era già stata per la casa reale italiana e prima ancora per i granduchi di Toscana. Forse anche Gronchi si sente un po' granduca. Viene da una famiglia modesta, ha insegnato al liceo e ha fatto una carriera politica di tutto rispetto. Ma ora è addirittura presidente della Repubblica, chi l'avrebbe mai detto? Ecco allora che nell'area della villa, con una vista sul mare da lasciare senza fiato, scatena una maestosa offensiva botanica pagata dai contribuenti che porta all'acquisto e alla conseguente messa a dimora di 350.000 piante. E pure a un ardito esperimento zootecnico, consistente nel tentativo di ripopolare la tenuta con i dromedari Made in Tuscany. Di cui oggi rimane solo uno scheletro.

Il bilancio naturalistico della presidenza Gronchi è nel conto astronomico per l'erario di questa assurda operazione. Gli unici che ringraziano sono i lavoratori della tenuta trasferita alla presidenza della Repubblica. Traslocati anche loro seduta stante alle dipendenze del Quirinale. La storia va avanti per quarantadue anni e altri sei presidenti. Fino al 1999, quando Oscar Luigi Scalfaro regala San Rossore alla Regione Toscana. A quel punto però gli addetti alla tenuta, che sono in forza al Quirinale grazie a quella legge voluta da Gronchi nel 1957, non vengono trasferiti alla Regione. Restano dipendenti della presidenza della Repubblica, indossando l'invidiabile veste di «comandati» presso la Regione. E continuano pure a gravare, per anni, sui conti del Quirinale. Nel 2010 costano ancora la bellezza di 3,6 milioni. Perché non sia mai che si tocchi qualche privilegio quirinalizio, anche se di rango minore.

La Casa reale repubblicana

Siamo alle solite. Da quando la presidenza della Repubblica italiana si insedia al Quirinale, a turbare i sonni dei politici non sono le questioni di principio. Per esempio il fatto che una istituzione repubblicana indossi senza il minimo imbarazzo il vestito buono della monarchia: circostanza che dovrebbe far seriamente riflettere. Il problema principale sono i dipendenti. Nessuno solleva obiezioni sulla dotazione annua della presidenza, che la commissione incaricata di esaminare il disegno di legge De Gasperi ridimensiona da 250 a 180 milioni di lire, che sarebbero oggi quattro milioni di euro e poco più, secondo le tabelle di rivalutazione monetaria dell'Istat. Anche perché la dotazione della Corona ammonta a 672 milioni di lire, 15 milioni di euro attuali. Né qualcuno ha da ridire sullo stipendio del presidente, fissato in 12 milioni l'anno. Esentasse come l'appannaggio del re. Per l'Istat è una somma pari a 268.500 euro di oggi. Quasi ventimila in più di quanto spetta a Sergio Mattarella, ma addirittura il doppio tenendo conto che dal settennato di Oscar Luigi Scalfaro anche il presidente della Repubblica è soggetto all'Irpef: triste pensare che per far pagare le imposte sul reddito al capo dello Stato sia dovuto passare quasi mezzo secolo, e per una decisione unilaterale dell'interessato. Si potrebbe aggiungere che siamo nel 1948, con il Paese ancora in miseria e sepolto dalle macerie della guerra.

Il 3 agosto di quell'anno la discussione monta invece, alla Camera, sul destino dei dipendenti della corte reale al Quirinale. Sono 797, fedeli alla Corona. Liberarsene è più che logico. Ma dopo le epurazioni all'acqua di rose, l'amnistia comunista e il perdono democristiano che ha accolto in Parlamento un manipolo di ex repubblichini, devono finire sulla croce proprio loro? Così il governo De Gasperi gli prepara uno scivolo tutto sommato dorato, vista la situazione di partenza. Su quei 797 servitori della monarchia grava il legittimo dubbio circa la loro fedeltà al presidente di una Repubblica che ha esiliato il re.

Ma dubbio non è certezza. E poi la cosa non si potrebbe certo risolvere pretendendo un'abiura collettiva. Allora viene fissato il principio che sarà la nuova amministrazione a scegliere chi tenere e chi mandare a casa. Ai licenziati verranno comunque regalati cinque anni di servizio validi per la pensione e per la liquidazione. Un regalo mai fatto a nessuno che perde il lavoro.

C'è chi invece ritiene che sia un rigore ingiustificato, e che i servitori della Real casa debbano essere trattati come tutti i dipendenti pubblici. L'avvocato d'ufficio di tale causa è un deputato democristiano che è già stato sottosegretario e ministro con De Gasperi. Giuseppe Togni è un fiume in piena. Dice che chi lavora al Quirinale è stato assunto per concorso come tutti gli statali e non merita una punizione per il semplice fatto di aver prestato servizio al re. Arriva perfino a sostenere che il personale della Corona ha difeso i beni e il patrimonio del Quirinale dalle mire dei tedeschi e meriterebbe anzi un riconoscimento. Figuriamoci.

Per placarlo, il rappresentante del governo ha il suo da fare. De Gasperi ha mandato alla Camera un giovane sottosegretario democristiano alla presidenza del Consiglio, che ha già ricoperto lo stesso incarico nel suo precedente governo. Si chiama Giulio Andreotti, ha soltanto 29 anni ed è già scafatissimo.

Gli animi sono caldi e per scatenare l'incendio basta pochissimo. Togni insiste: pretende che tutto il personale al servizio del Quirinale con il re venga automaticamente trasferito all'amministrazione della presidenza della Repubblica. Tira fuori perfino un parere del giurista Santi Romano, morto l'anno prima, che è stato presidente del Consiglio di Stato. Piccolo particolare, ce l'aveva messo d'autorità Benito Mussolini. E la discussione prende fuoco. Salta su Ezio Amadeo, il relatore che è del partito repubblicano: «Di quali persone parliamo? Sono circa 800, ma gli impiegati sono pochi. Sono in gran parte camerieri, personale d'anticamera, di bocca, guardiacaccia, palafrenieri, anche sagrestani. Come si potrebbero utilizzare? E guardate che pesano sul bilancio dello Stato per quasi mezzo miliardo all'anno». L'aula è una bolgia, mentre lui continua: «Stamattina non abbiamo trovato i mezzi per attenuare le condizioni attuali di poverissimi pensionati che campano con 100 lire al giorno, mentre gli impiegati della Casa reale [...] godranno di un trattamento di acquiescenza particolarmente favorevole...».

Le urla e gli applausi della sinistra coprono tutto, ma Togni non si fa intimidire e urla più forte: «È un modo demagogico e antiumano! Sono lavoratori tutti, anche quelli che non hanno la tessera rossa!». Dai banchi comunisti volano insulti, qualcuno agita le mani. Andreotti cerca di sdrammatizzare: «Qui si tratta di 133 funzionari, 432 stipendiati e 210 salariati vari. Che poi siano addetti ai giardini o alle scuderie, o alle cacce, mi pare sia un elemento su cui si potrà anche tecnicamente discutere, ma sul quale non mi sembra sia il caso di fare dell'umorismo».

Il clima però rimane teso. Finché Giuseppe Di Vittorio non zittisce tutti aprendo una ferita ben più dolorosa dei 797 dipendenti della Real casa a rischio di licenziamento: «Noi non facciamo nessuna discriminazione. Se discriminazione c'è, è dall'altra parte. Ancora non abbiamo risolto il problema dei licenziati politici del fascismo nelle ferrovie, nelle poste... mentre sono stati riassunti i fascisti repubblichini compromessi e hanno avuto anche gli stipendi per il periodo in cui sono stati sospesi e non hanno lavorato. Quindi è vero, c'è una discriminazione. Ma diretta contro gli elementi democratici, antifascisti e proletari».

E la cosa finisce lì. Troppi, in quel primo Parlamento della nuova democrazia italiana, hanno giustamente dei sensi di colpa per quella penosa vicenda. Senza considerare che ormai la frittata è fatta. La presidenza della Repubblica è un organismo autonomo e sulla sua gestione nessuno può mettere bocca. Da questo punto di vista fra il Quirinale repubblicano e il Quirinale monarchico non c'è alcuna differenza. È un principio incontrovertibile, come sottolinea anche De Gasperi nella relazione alla legge che il Parlamento sta discutendo nei primi giorni di agosto del 1948. E deriva tutto dal modo in cui è stata scritta la Costituzione.

«Quanto all'organizzazione degli uffici e all'ordinamento del personale della presidenza» scrive il presidente del Consiglio, «si tratta di una materia la cui disciplina, attesa la natura autarchica dell'amministrazione presidenziale, deve a questa ritenersi riservata per essere regolata con provvedimento autonomo, non diversamente da quanto stabilito dal preesistente ordinamento per l'amministrazione della Real casa. Nello stesso modo, del resto, è anche ordinata la presidenza della Repubblica francese, sulla base di norme costituzionali pressoché identiche alle nostre. Che all'amministrazione presidenziale debba essere riconosciuta natura autarchica risulta, oltre che da ragioni intuitive politiche e costituzionali, dallo stesso articolo 84 della Costituzione dove si parla di dotazione del presidente della Repubblica. Con l'uso di tale termine si è inteso richiamare la particolare disciplina da cui sono regolati i beni e le spese di organi sovrani con bilanci autonomi, organi sui quali il solo controllo esercitato è quello deliberativo del Parlamento, ed è invece escluso qualsiasi controllo di rendiconto da parte di altri organi dello Stato.»

Tutto perfettamente comprensibile. L'autonomia contabile è sempre garanzia di indipendenza. Ma in un Paese dove nemmeno il trauma del passaggio da monarchia a Repubblica ha fatto passare le cattive abitudini di certa politica, convinta che il denaro di tutti sia il denaro di nessuno, la briglia sciolta dell'autodichìa ha lanciato al galoppo spese e privilegi.

L'austerità è finita

Per di più, l'opacità. Il bilancio del Quirinale diventa pubblico soltanto a partire dal 2013, durante l'ultimo scorcio della presidenza di Giorgio Napolitano. I conti sono stati di fatto incredibilmente secretati per sessantacinque anni. Il deputato liberale Raffaele Costa polemizza senza soluzione di continuità con la presidenza della Repubblica per l'assenza di trasparenza, finendo per fare la figura del grillo parlante. Le risposte del governo alle interrogazioni che lui presenta in Parlamento sono chiaramente lacunose ed evasive. Lo trattano come fosse colpevole di lesa maestà. Senza spiegare la ragione per cui i cittadini non possano sapere come il capo di uno Stato democratico impiega i denari della collettività. Quasi che al Quirinale repubblicano fossero rimaste intatte alcune incrostazioni della monarchia. A dispetto delle migliori intenzioni.

Il presidente Carlo Azeglio Ciampi chiede una mano a Sabino Cassese per capire in quale posto è capitato. E lui, il più bravo a scoprire le magagne degli apparati pubblici, gli spiattella una relazione da far accapponare la pelle. Dove c'è scritto fra le altre cose che al Quirinale, senza contare il personale militare e di sicurezza, ci sono più di mille dipendenti: e non si capisce come sia possibile, visto che nelle amministrazioni pubbliche si dovrebbe entrare per concorso e lì non si fa un concorso dal 1963. Trentasette anni prima. Letta in controluce, quella relazione spiega il presunto arcano del bilancio riservato, come se le spese della presidenza della Repubblica fossero coperte dal segreto di Stato. Al Quirinale sopravvivono, amorevolmente coccolate, vecchie scorie che forse non sono più quelle della monarchia ma di sicuro c'azzeccano assai poco con i modi repubblicani. Basta dire che all'epoca la spiaggia della tenuta di Castelporziano è suddivisa in zone delimitate in rapporto al grado burocratico dei bagnanti ammessi a frequentare l'arenile. Metterlo in piazza sarebbe imbarazzante.

Dice di provarci anche Napolitano. Per lui la «casa degli italiani» dev'essere una «casa di vetro», scrive l'agenzia Ansa il 28 luglio 2007. Ma per leggere il primo vero bilancio del Quirinale bisogna pazientare ancora sei anni. Nel frattempo ci dobbiamo accontentare dei comunicati ufficiali del segretariato generale, che contengono poche e scarne informazioni. E va già bene così, perché prima di allora per sapere quanto costa la presidenza della Repubblica non si può fare altro che rovistare nelle carte della contabilità statale. Il settimanale «Il Mondo» scopre così che nel 1950 il Quirinale spende 826 milioni di lire, cifra corrispondente a quasi 19 milioni di euro attuali secondo le tabelle di rivalutazione Istat. Da quel momento i costi mettono il turbo. Per arrivare al 2007, l'anno del record assoluto, a 241 milioni di euro: ovvero 328 milioni di oggi, dice l'Istat.

Dal 2007, quando su quei costi esplode la polemica, anche al Quirinale si tira un po' la cinghia. Nel senso che il conto della presidenza della Repubblica oscilla sempre intorno ai 240 milioni l'anno, ma la cura dimagrante del personale ha i suoi effetti e l'inflazione fa il resto. Dal 2007 al 2022 le uscite reali si riducono di circa il 20 per cento. Evviva.

Ma nel 2023 le uscite complessive sono previste in 253 milioni, quasi 8 più dell'anno precedente. E tutto lascia pensare che la discesa sia finita. Nel 2025, per la prima volta dal 2007, il Quirinale chiederà al Tesoro un aumento della dotazione di 6 milioni. Non è una buona notizia.

Fra il 1950 e il 2023 il costo del Quirinale si è quindi moltiplicato in termini reali per 13,3 volte, mentre la ricchezza reale del Paese è cresciuta molto, ma molto meno. In settantatré anni il prodotto interno lordo italiano, calcolato sempre in termini reali, è lievitato di 8,2 volte. Oltrepassato di slancio dai costi della politica.

Qualunque taglio, a questo punto, è solo un palliativo. Dal 31 dicembre del 2006 i dipendenti di ruolo si sono ridotti da 997 a 665. Ma lo stipendio medio è invece aumentato raggiungendo 123.000 euro pro capite. Il triplo della retribuzione media di un dipendente statale e ben 15.000 euro in più del primario di un ospedale pubblico con oltre venticinque anni di anzianità. Poi ci sono le pensioni, che continuano a lievitare. La previsione per il 2025 indica la cifra di 115,4 milioni, il 28,1 per cento in più sul 2013. E poi c'è tutto il resto.

I pretoriani del presidente

Le statistiche dicono che il Quirinale è per dimensioni uno dei più grandi palazzi del mondo. Con 11 ettari di superficie, è per estensione la seconda residenza di un presidente repubblicano al mondo. Superata solo dal nuovo palazzo presidenziale fatto costruire da Recep Tayyip Erdoğan ad Ankara al prezzo di oltre un miliardo di euro.

Una roba del genere costa una marea di denaro, ovvio. Quattro volte la Corona britannica, dicono i dati nel 2007. E al Quirinale va la cena per traverso. Contestando il paragone fra i costi della presidenza della Repubblica italiana e quelli di Buckingham Palace, assai più modesti e soprattutto trasparenti, nel 2008 il segretario generale rivela che «gli oneri imputabili alla gestione, manutenzione e valorizzazione del patrimonio mobiliare e immobiliare, unico al mondo sotto il profilo storico-artistico e naturalistico, ammontano a circa 34 milioni di euro». Da allora, per gli amministratori della presidenza della Repubblica, il confronto con la regina Elisabetta II diventa un incubo. Fino al 2013 non c'è scarna nota quirinalizia ufficiale sui conti annuali (a tanto si limita l'amministrazione anziché pubblicare il bilancio integrale come dovrebbe) che nelle battute finali manchi di rimarcare la presunta improponibilità dei paragoni con altre omologhe istituzioni estere.

Una volta perché il Quirinale ha sulle spalle «la gestione di un parco naturale di rilevanza europea, qual è Castelporziano». Un'altra perché il palazzo è così grande e prezioso che sulla contabilità gravano rilevanti oneri aggiuntivi per il personale che se ne deve occupare. Una terza perché la presidenza della Repubblica si deve accollare voci come le pensioni (profumatissime) dei dipendenti, che altri non hanno in bilancio. «Tali differenze risultano particolarmente evidenti quando il confronto viene fatto con istituzioni titolari di poteri prevalentemente formali; inoltre, con riferimento alle forme di Stato monarchico non è agevole quantificare i criteri di ripartizione dei costi di funzionamento degli apparati delle Case reali, che gravano solo in parte su una dotazione specifica (appannaggio, *civil list*), mentre per la parte restante sono assunti direttamente a carico del bilancio dello Stato o sono fronteggiati con i proventi del patrimonio della Corona» chiosa la nota sui conti del 2013. E per fortuna è l'ultima.

Dopo sei anni di striscianti polemiche, giustificando le enormi spese della presidenza della Repubblica italiana con gli extracosti dovuti alla sontuosa residenza e al personale, che i vertici istituzionali stranieri (come i reali britannici) non avrebbero. Senza però una sola parola, né una cifra, sui costi di servizi per il Quirinale pagati da altri, come i ministeri dell'Interno e della Difesa. Il presidente della Repubblica italiana non soltanto dimora in una residenza reale, ma ha anche le stesse guardie del corpo del re. Nel sito del Quirinale c'è tutta la storia dei corazzieri, un reggimento equestre di pretoriani dei Savoia con radici addirittura nel Trecento. Esattamente, anno del Signore 1383. Ora cavalcano anche grosse Moto Guzzi California 1400 Touring in alta uniforme e si fregiano del vecchio appellativo di epoca sabauda «Corazzieri», che risale al 1842, riportato in auge centocinquanta anni dopo proprio mentre la cosiddetta Prima Repubblica sta spirando. Fino alla vigilia di Natale del 1992 il nome del reparto della guardia presidenziale è «Reggimento carabinieri guardie della Repubblica». Perché i corazzieri sono carabinieri a tutti gli effetti, pagati dall'Arma.

Quel rompiscatole di Raffaele Costa scopre nel 1998 che la Difesa spende per «corazzieri e quadrupedi» 14 miliardi di lire, oggi 12 milioni di euro. Senza contare annessi e connessi. Per esempio, nell'elenco delle spese per forniture di beni e servizi dei carabinieri per il 2023 ci sono 48.000 euro di «foraggi e paglia», più 46.000 di «fieno» per gli equini del reggimento corazzieri. Ma anche 150.000 per «veicolo di trasporto 6 Moto Guzzi» e 188.000 per due «veicoli blindati». Che se ne facciano poi i corazzieri di due veicoli blindati, lo sa solo l'Arma. Forse un salto di qualità della scorta presidenziale?

Ma i soldi per i corazzieri non sono che una frazione del conto che lo Stato paga per la sicurezza del Quirinale. L'apparato militare della presidenza della Repubblica è decisamente più numeroso dei 250 marcantoni che hanno il compito di proteggere il presidente. Al suo arrivo nel 2006 Napolitano trova un migliaio di armati. Oltre ai carabinieri corazzieri, che sono allora più di 300, ci sono 254 carabinieri, 211 poliziotti, 77 finanzieri, 21 vigili urbani e 16 forestali. Non tutti sono a Roma. A Castelporziano sono distaccati 109 carabinieri, oltre ai forestali. Alla Tenenza della Finanza di Torvaianica, dirimpetto alla tenuta presidenziale, ci sono 64 Fiamme gialle. Quando Napolitano lascia la presidenza a Sergio Mattarella, nel 2015, l'apparato di sicurezza del Quirinale conta ancora 765 elementi. Più numeroso del personale civile.

Meglio un museo

Ad accogliere Mattarella, però, c'è dell'altro. Qualche settimana prima del suo arrivo nella ex reggia dei papi e dei re, il «Corriere della Sera» pubblica un editoriale che fa rumore. Autore con chi scrive, nel 2007, del libro *La casta*, Gian Antonio Stella propone di trasformare il Quirinale nel Louvre italiano: «Il nuovo capo dello Stato potrebbe "dare aria" alle istituzioni trasferendosi in un altro palazzo, bellissimo ed elegantissimo, per spalancare il Quirinale agli italiani e agli stranieri che accorrerebbero entusiasti alla scoperta di quelle stanze finora in gran parte chiuse. E fare di quel Palazzo di 1200 stanze un grande museo in grado di sbaragliare con la sua storia, i suoi capolavori, le sue collezioni di arazzi o orologi, le sue mostre temporanee in spazi meravigliosi, ogni concorrenza mondiale».

Pressoché immediata da sinistra la scomunica alla proposta, ritenuta irriverente. Se ne incarica Rita Borioni, futura consigliera d'amministrazione della Rai in quota Pd, con un articolo su «Left Wing», organo della corrente dem dei Giovani turchi. «Ecco fatto, tre o quattro piccioni belli grassi con una fava sola: avremo anche noi il nostro bel museone, ridimensioneremo il presidente della Repubblica in una residenza meno ingombrante, risparmieremo tanti soldi e apriremo un museo con moltissimi visitatori che farà guadagnare altrettanti soldi [...] Mi e vi risparmio le considerazioni di cui sono pieni i quotidiani sulla necessità di una svolta pauperistica della presidenza della Repubblica (facile predicare il pauperismo con gli incarichi degli altri) la cui sede dovrebbe essere trasferita in altro palazzo del centro di Roma (bontà loro). E neanche mi avventuro a chiedere quale dovrebbe essere il palazzo e se è stato calcolato il costo di tale trasferimento. Certo, sarebbe bello se la presidenza della Repubblica decidesse di aprire con maggiore frequenza il palazzo al pubblico e se esso fosse tutto fruibile gratuitamente. Ma di qui a far traslocare la sede della presidenza della Repubblica ce ne passa, specie in ragione di un progetto vago, vanaglorioso e sinceramente fuori dal tempo. E anche perché il vero museo della civiltà e della cultura italiana già c'è: è l'Italia tutta intera» conclude lei. Alzando il pallonetto al presidente del partito Matteo Orfini, per una schiacciata alla Fantozzi: «Un museo il Quirinale? Una boiata pazzesca!».

Il Paese è ancora ben lontano dal tentativo della destra ex missina di forzare la Costituzione con l'elezione diretta del presidente del Consiglio, che inevitabilmente ridimensionerebbe ancora i poteri del capo dello Stato. E non ci piove che ora l'idea di spostare dal Quirinale la presidenza della Repubblica sarebbe interpretata come un clamoroso assist a Giorgia Meloni e ai fautori del cosiddetto premierato. Nella loro segreta speranza, magari, di occupare quel palazzo con un premier eletto dal popolo. Per dire quanto la suggestione sia fondata, la destra sovranista è arrivata al punto da mettere il nome del candidato alla guida del governo nel nome del partito. «Lega per Salvini premier» è stato ribattezzato nel 2017 il vecchio Carroccio di Umberto Bossi.

E Matteo Salvini alla «Zanzara» di Radio24 non ci va leggero: «Ritengo che Mattarella e la presidenza della Repubblica siano inutili. Al posto del Quirinale, mettiamoci un bel museo o un parco giochi. Che funzioni ha? Dovrebbe comandare l'esercito, ma ce lo vedete Mattarella a gestire le forze armate? Sì, col joystick, con la PlayStation. È un garante della Costituzione? Ma garante de che?». Corre l'anno 2016, la presa del potere da parte della destra è ancora lontana. E pazienza se quando Mattarella scade Salvini è uno di quelli che vota il rinnovo del suo mandato: che ci si può fare, è fatto così. Ma il vento che spira dalle parti del Quirinale è teso e gelido.

Il fatto è che il problema esiste da ben prima dell'articolo di Gian Antonio Stella. Nel 1999 Gae Aulenti progetta la trasformazione in museo di tutto il piano nobile del palazzo. La soprintendenza di Roma però la boccia e al Quirinale tirano un bel sospiro di sollievo. Lì di museo non ne vogliono sentir parlare. Qualche atto di buona volontà non manca di sicuro, ma sono i presidenti e non l'apparato a volerlo. Nel 1981 Sandro Pertini fa esporre i Bronzi di Riace. Nel 1986 Francesco Cossiga inaugura la grande mostra sul tesoro di San Marco. Finché il palazzo pian piano viene aperto ai visitatori e, grazie a Mattarella, ogni giorno: semplicemente impensabile, un tempo. Ma farne un museo in piena regola, come per esempio propone Francesco Rutelli pur senza far sloggiare la presidenza della Repubblica, è cosa ben diversa.

Ci sono esempi formidabili di regge trasformate in

musei. Del Louvre si è già detto: è stato istituito dal 1793, anno della decapitazione di Luigi XVI e Maria Antonietta. Il complesso dell'Ermitage a San Pietroburgo, con il palazzo d'Inverno, è stato eletto a museo nazionale di Russia nel 1917, dopo la Rivoluzione d'ottobre. È adibita a museo anche una parte del castello di Schönbrunn, la residenza imperiale austriaca.

Perché il Quirinale non abbia seguito il medesimo destino con il tramonto della monarchia, si spiega con lo spirito di conservazione postbellico. Insieme al fascismo non è stato spazzato via tutto quello che in vent'anni il regime aveva introdotto nella società, dagli apparati burocratici allo statalismo in economia, dai codici di legge alle corporazioni. Per decenni dopo la fine della guerra le prefetture hanno continuato a concedere autorizzazioni a sindaci determinati a intitolare centinaia di strade e piazze a gerarchi o personalità apertamente compromesse con il potere mussoliniano. Solo di recente sono stati aboliti alcuni toponimi dedicati ad accademici firmatari delle leggi razziali. Fin dalla prima legislatura repubblicana è stato consentito agli ex fascisti di presentarsi alle libere elezioni del nuovo Parlamento con il Movimento sociale italiano. Nel 2022, a cento anni esatti dalla Marcia su Roma, ha preso in mano il governo democratico un partito, Fratelli d'Italia, erede in linea diretta del Msi. E mentre esce questo libro, in Italia ci sono ancora 12 scuole e 409 vie intitolate a Vittorio Emanuele III, il re corresponsabile del Ventennio concluso con la tragedia della guerra, che aveva sottoscritto le leggi razziali senza fare una piega.

Nessuno si può quindi sorprendere quando, nel 1948 (ma di fatto già due anni prima), il presidente della Repubblica si insedia per legge al suo posto. Non sul trono, ovvio. Ma nello stesso palazzo sul «colle più alto». Un termine entrato a far parte del normale lessico giornalistico come sinonimo di Quirinale. Impropriamente, dal punto di vista geografico: il più alto dei sette colli di Roma è l'Esquilino. Correttamente, al contrario, come metafora del potere assoluto che da secoli emana il Quirinale. Ben diverso, però, dai moderni poteri costituzionali del nostro presidente della Repubblica.

Il capo dello Stato è sempre stato, con un paio di eccezioni (Einaudi e Ciampi), un uomo di partito eletto in Parlamento grazie ad accordi sottobanco, quando non a manovre di corridoio. Sono gli stessi partiti di cui pochi cittadini ormai si fidano. Infatti occupano l'ultimo posto della classifica Istat sulla fiducia dei cittadini verso le istituzioni, dietro al Parlamento e al governo. Che sono lì, a pochissima distanza. Invece la fiducia nel presidente della Repubblica, che a quel mondo appartiene, è altissima. Davanti a lui, soltanto vigili del fuoco e forze dell'ordine. Vuol dire che gli italiani credono nella sua funzione di garante della democrazia. Che potrebbe esercitare perfino meglio scendendo dal Quirinale per lasciare sul «colle più alto» i ricordi di quel potere con cui non ha mai avuto nulla da spartire.

Meglio un museo, decisamente.

9

I partiti di oggi sono soprattutto macchine di potere e clientela

Enrico Berlinguer, 1981

Come fare i soldi e vivere felici

Roma, 17 gennaio 2018. Matteo Renzi è indignato per le insinuazioni che circolano da qualche giorno. Le ostilità sono state aperte dai grillini, ma da destra e sinistra i cecchini lo bersagliano senza sosta. Gira da giorni l'intercettazione di una telefonata fra Carlo De Benedetti e il suo broker. Risale a tre anni prima, quando Renzi è presidente del Consiglio, e l'ex editore di «la Repubblica» dice di aver saputo proprio da lui che si sta per approvare la riforma delle banche popolari. L'investimento in borsa di quelle azioni frutta all'ingegnere una plusvalenza di 600.000 euro. Dal che scoppia un pandemonio. Renzi ha lasciato il governo ormai da più di un anno, in seguito alla sconfitta del referendum costituzionale. Ma non ci sta comunque a finire sulla graticola. E si sfoga con Nicola Porro a «Matrix».

Così: «C'è l'idea che chi fa politica sia un po'... traffichino, si dice a Firenze. Siccome credo alla trasparenza, mi sono portato qua il conto corrente di quando ho iniziato a fare il presidente del Consiglio e il conto corrente di oggi pomeriggio... Avevo 21.395 euro il 30 giugno 2014, oggi 15.859. È molto importante per me questo passaggio. Io sulla trasparenza non faccio sconti a nessuno. E le dico, Porro, e voglio dirlo a chi sta qui e voglio dirlo a chi ci segue da casa: se volete fare i soldi non fate politica. Fai politica perché hai un interesse, hai un ideale, hai passione... Poi puoi essere più o meno bravo... Se vuoi fare i soldi vai nelle banche d'affari, non ti metti a fare il politico. Chi fa il politico ha questi conti correnti, se ne ha altri c'è qualcosa che non va». Impossibile non condividere.

Ora la domanda che viene spontanea, dopo aver appreso che nel 2022 il leader di Italia Viva ha dichiarato al fisco la cifra astronomica di 3.187.769 euro, è cosa c'è anche qui che non va. Perché, seguendo il suo ragionamento, che qualcosa non vada è garantito. Renzi non lavora in una banca d'affari ma fa il politico, e ciò nonostante è riuscito a moltiplicare per 201 volte il conto corrente mostrato in tv il 17 gennaio 2018.

La sua risposta? Ecco che cosa dice l'ex premier a Lilli Gruber il 12 novembre 2021: «Nel 2018 venivo dall'esperienza di capo del governo [...] Allora ho detto in televisione che chi viene da un'esperienza di governo non può arricchirsi. Altro discorso è per un senatore, io prendo soldi per l'attività di conferenziere e pago le tasse regolarmente in Italia».

Benissimo. Però nel 2018 aveva detto una cosa un tantino diversa, e cioè che chi fa politica (non solo chi sta al governo) non si arricchisce. In ogni caso una denuncia dei redditi del genere si addice più all'amministratore delegato di una multinazionale che a un senatore non ricco di famiglia. E, spiace dirlo, confligge tremendamente con il conto corrente da 15.859 euro sventolato a «Matrix».

Sia chiaro. Nessuna legge vieta a un parlamentare di guadagnare lecitamente 3 milioni facendo conferenze. Ma la politica, quella sana, ha prescrizioni che non figurano nei codici. La più importante è una cosa che si chiama opportunità di certe scelte. Regola che in Italia tradizionalmente non è stata mai applicata con la dovuta attenzione. Che ormai è diventata merce rara.

Per rimanere a Renzi, nemmeno che il capo di un partito costituisca una holding personale è illecito. Ma oggettivamente va oltre le semplici conferenze, ed è un po' curioso. Eppure è proprio quello che ha fatto il fondatore e leader di Italia Viva nell'aprile 2021, qualche settimana dopo l'ingresso del suo partito nel governo di Mario Draghi. Perché non ci siano equivoci il nome della società, inizialmente Ma.Re Consulting, è mutato in Ma.Re. Holding. Dal 2023 ha anche una controllata: Ma.Re. Adv. Consulenze aziendali, strategie imprenditoriali, pubbliche relazioni, marketing... Una prateria sterminata, per un ex premier con profumate relazioni che si spingono fino ai ricchi forzieri arabi.

L'abbiamo già detto che è tutto lecito. Ma ripeterlo non fa mai male. Probabilmente se lo dicono anche loro, in continuazione. E torniamo alle conferenze. Che non ci sia nulla di male l'ha accertato anche la magistratura, dopo aver aperto, e poi archiviato, un'inchiesta sulla parcella di Renzi per una conferenza ad Abu Dhabi pagata attraverso la Carlo Torino & Associati. Pare 75.000 euro. Una cifra enorme, ma che fa ridere in confronto ai cachet che incassano come conferenzieri altri politici capi di governo. L'ex presidente degli Stati Uniti Bill Clinton viaggiava a un ritmo di oltre dieci milioni di dollari l'anno. Il suo successore democratico Barack Obama ha incassato 400.000 dollari per un solo discorso tenuto nel 2017 davanti ai clienti di Northern Trust, società finanziaria di Chicago. Nel novembre 2013 «Le Nouvel Observateur» racconta che l'ex presidente francese Nicolas Sarkozy riesce a raggranellare un milione di euro con una dozzina di conferenze, una delle quali organizzata dal magnate indiano dell'industria automobilistica Ratan Naval Tata.

C'è solo una differenza, e non marginale. Questi signori intascano un sacco di soldi dopo aver lasciato il potere ed essere usciti dalla politica. Mentre Renzi, pur non essendo più un capo di governo, è senatore e pure il capo di un partito capace di condizionare i governi, com'è successo nel passaggio dal secondo esecutivo di Giuseppe Conte a quello di Mario Draghi. Ma nulla è in grado di scalfire le sue certezze: «Continuerò a fare conferenze, finché sarà consentito dalla legge. E, sinceramente, mi sfugge il motivo per il quale dovrebbe essere proibito» (Ansa, 22 novembre 2021).

Quanto alla Carlo Torino & Associati, trattasi di una società di consulenza fondata nel 2019 da Carlo

Torino. Classe 1986, è un professionista che figura fra gli amministratori di Atlantica digital e della sua controllata Atlantica cyber security, facenti capo entrambe al fondo di private equity multinazionale Smart 4 engineering. Atlantica cyber security, specializzata nella difesa dagli attacchi digitali, è un'azienda fondata da Cyberealm di Leone Ouazana, italo-israeliano ex dirigente della Telit (impresa di telecomunicazioni italiana acquisita nel 2003 dal gruppo israeliano Dai Telecom), che ne detiene ancora il 24 per cento. È la stessa Cyberealm di cui è presidente dal 2022 il capo dei senatori di Forza Italia e consigliere della fondazione Alleanza nazionale, forziere del partito di Giorgia Meloni, Maurizio Gasparri. Il quale si dimette dall'incarico, rivelato da «Report» di Sigfrido Ranucci, qualche settimana dopo la trasmissione.

Come non c'è nulla formalmente da eccepire sulle conferenze arabe di Renzi, così la giunta per le elezioni del Senato ritiene compatibile questo incarico con il ruolo di parlamentare. Sulla base della legge del 1953, che fissa i paletti, non fa una piega. Quella legge dice infatti che deputati e senatori non possono ricoprire cariche in società pubbliche, che lavorano per il pubblico o finanziate dal pubblico, oppure per designazione pubblica. Ma non vieta di assumere la presidenza di una impresa privata, a meno che non si tratti di una banca o una finanziaria. E questo, all'apparenza, non è il caso. Resta però anche qui una questione di opportunità. Nemmeno piccola.

I partiti in modalità «Caligola»

Le parole del segretario del Partito comunista Enrico Berlinguer che risalgono al 28 luglio 1981, giorno della pubblicazione su «la Repubblica» della sua famosa intervista con Eugenio Scalfari, fanno venire i brividi ancora a distanza di quarant'anni. Eccole.

«I partiti non fanno più politica. I partiti hanno degenerato e questa è l'origine dei malanni d'Italia [...] I partiti di oggi sono soprattutto macchine di potere e di clientela: scarsa o mistificata conoscenza della vita e dei problemi della società e della gente, idee, ideali, programmi pochi o vaghi, sentimenti e passione civile, zero. Gestiscono interessi, i più disparati, i più contraddittori, talvolta anche loschi, comunque senza alcun rapporto con le esigenze e i bisogni umani emergenti, oppure distorcendoli, senza perseguire il bene comune. La loro stessa struttura organizzativa si è ormai conformata su questo modello, e non sono più organizzatori del popolo, formazioni che ne promuovono la maturazione civile e l'iniziativa: sono piuttosto federazioni di correnti, di camarille, ciascuna con un boss e dei sotto-boss.»

Le cose, da allora, non sono andate affatto meglio. Non è servito lo choc di Tangentopoli. Ma nemmeno quello dell'abolizione del finanziamento pubblico, che i partiti si sono autoimposti nel puerile (e demagogico) tentativo di arginare l'indignazione per i costi astronomici della politica. Rifiutandosi di capire che il vero problema è ben al di là dei costi, è l'inefficienza di un sistema completamente avulso dall'interesse collettivo. Per non parlare del taglio, altrettanto demagogico, del numero dei parlamentari. Anche qui, mancando di comprendere che il vero problema non è il numero, ma la funzione soggiogata al potere esecutivo a cui è ormai ridotto il Parlamento.

La qualità della classe dirigente è peggiorata perché i partiti si sono sempre più assimilati a quello schema di «correnti e camarille» denunciato da Berlinguer nel 1981. Leggi elettorali indecenti hanno completato l'opera.

La causa della trasformazione dei partiti da corpi intermedi della volontà popolare in organizzazioni autocratiche e personalistiche si fa risalire alla discesa in campo di Silvio Berlusconi.

Contributo di sicuro fondamentale, quello del Cavaliere. Ma tutti i partiti si sono prontamente adeguati, compreso il centrosinistra. Hanno evitato accuratamente di correggere le regole elettorali che sottraggono non solo alla volontà popolare, ma perfino a una selezione minimamente meritocratica, la scelta dei candidati. Consegnandola nelle mani dei leader di partito, con il risultato di infarcire il Parlamento di parenti, amici e fedelissimi esecutori delle direttive del capo. È ormai dominante la modalità Caligola, geniale metafora del vicedirettore di «Huffington Post» Alessandro De Angelis per illustrare la tecnica utilizzata nella distribuzione di cariche e nomine pubbliche. Con la differenza, rispetto alla leggenda dell'imperatore romano pronto a nominare senatore il purosangue Incitatus, che qui non si vedono nemmeno cavalli di razza. Soltanto ronzini.

Nei simboli di partito il nome del leader è diventato ancora più grande di quello della stessa formazione politica. E ce n'è addirittura una, come già abbiamo raccontato, che l'ha messo addirittura nella sua denominazione ufficiale. La «Lega per l'indipendenza della Padania» fondata da Umberto Bossi è stata ribattezzata alla fine del 2017 «Lega per Salvini premier». Con il singolare effetto collaterale che cambiando il leader, e di conseguenza il candidato premier, si dovrebbe anche cambiare nome al partito.

Impressionante il fatto che nessuno sia preoccupato della prospettiva inquietante che spalanca questa deriva: la fine della politica, dominata solo dagli interessi personali e in mano a una classe dirigente sempre più mediocre e incapace di affrontare i problemi della collettività. Di conseguenza, il collasso della democrazia.

Finanziamento pubblico e demagogia

È il comizio clou della campagna elettorale del Pdl, 7 febbraio 2013. Parla Silvio Berlusconi: «Nella prima riunione del Consiglio dei ministri aboliremo il finanziamento pubblico ai partiti!». Viene giù la platea. E l'eccitazione sale ancora quando il Cavaliere annuncia il dimezzamento dello stipendio dei parlamentari e il limite massimo di due mandati.

Sembra Beppe Grillo, che proclama: «Con il Movimento 5 Stelle al governo non ci sarà un centesimo pubblico destinato ai partiti!». Il limite dei due mandati loro ce l'hanno da un pezzo nello statuto, e del dimezzamento degli stipendi non ne parliamo neppure.

Intanto tuonano i leghisti da Pontida: «Solo il Carroccio vuole abolire totalmente il finanziamento pubblico ai partiti!».

E il Partito democratico? «Uno degli obiettivi più importanti dell'attuale governo è l'abolizione del finanziamento pubblico dei partiti» dice il presidente del Consiglio Enrico Letta il 18 novembre 2013.

La legge è stata già approvata alla Camera e aspetta il via libera definitivo del Senato. Ma qualcuno già si pente. È Berlusconi, il 16 novembre 2013: «Abolendo il finanziamento pubblico ai partiti, i partiti dovranno ricorrere al finanziamento dei privati. Il rischio è che si ritorni a Tangentopoli». Cinque mesi più tardi il Cavaliere, leader di un partito che ha proposto e votato in Parlamento la fine dei soldi pubblici alla politica, torna alla carica a «Porta a Porta»: «Tutti sanno che, nonostante sia stato aggredito pesantemente nel mio patrimonio, questo mi ha sempre consentito di dare a Forza Italia quello di cui aveva bisogno. Ora non lo posso fare. L'abolizione del finanziamento pubblico è una norma *contra personam*».

Berlusconi è indignato perché la legge stabilisce per i contributi privati singoli un tetto di centomila euro l'anno. Troppo basso. «Il sistema dei finanziamenti ai partiti deve essere cambiato. Deve essere tolta la norma sul tetto dei finanziamenti dei privati. Io come al solito vorrei aiutare Forza Italia ma non posso farlo altrimenti commetterei un reato» insiste il 15 dicembre 2015. E il martellamento prosegue, strisciante. Finché cade anche il secondo tabù, quello della sinistra. Il tesoriere del Partito democratico Luigi Zanda, a dicembre del 2019, dice al Senato ciò che quasi tutti i partiti pensano: «Un finanziamento pubblico della politica è necessario». Ma il fronte grillino regge ancora. Il senatore Primo Di Nicola, giornalista dell'«Espresso» esperto nella denuncia delle malversazioni della politica, invoca una commissione d'inchiesta sul finanziamento pubblico. E siccome il Movimento 5 Stelle è in maggioranza, la cosa finisce lì. Basta la minaccia.

Ma il tempo lavora contro di loro. Così anche l'ultima barricata viene giù di schianto.

Accade il 7 aprile 2022. Quel giorno la commissione di Garanzia degli statuti e per la trasparenza e il controllo dei rendiconti dei partiti politici, composta da cinque magistrati e presieduta dal giudice della Corte dei conti Amedeo Federici, «ha deliberato l'iscrizione del Movimento 5 Stelle nel Registro nazionale dei partiti politici». L'annuncio è nel bilancio del Movimento. Da quel momento in poi è un partito come tutti gli altri nel Parlamento che secondo l'affettuosa minaccia di Beppe Grillo doveva essere aperto «come una scatoletta di tonno».

Tanto che qui comincia davvero un'altra storia. Non soltanto perché il M5S in Parlamento aveva votato contro la legge targata Enrico Letta, che istituisce fra l'altro proprio quella commissione. Ma perché con la legge cui i grillini si sono fieramente opposti è stato introdotto il nuovo sistema di finanziamento pubblico dei partiti con la possibilità dei cittadini di destinare loro il 2 per mille dell'Irpef. Nonché il beneficio, per chi finanzia un partito fino a 30.000 euro l'anno, di detrarre il 26 per cento della cifra regalata alla politica dalla denuncia dei redditi. Quindi il tesoriere del partito guidato da Giuseppe Conte, Claudio Cominardi, può con sollievo mettere a verbale nel bilancio che finalmente i grillini non sono più figli di un dio minore. Possono cioè accedere pure loro dal 2023 al mitico 2 per mille, e ai benefici stabiliti dal fisco per i finanziatori privati. Il primo incasso è di 1,8 milioni: il 10 per cento di tutte le scelte dei contribuenti. Terzi in classifica, dietro al Pd e a Fratelli d'Italia. La vera fine dell'innocenza.

Riaprire i rubinetti?

Ma non la soluzione dei problemi. Il 2 per mille porta nelle casse delle formazioni politiche circa il 12 per cento di ciò che garantivano un tempo gli scandalosi rimborsi elettorali. Nel 2023, poco più di 24 milioni. E pure ipotizzando che gli italiani riscoprano improvvisamente la fiducia nei partiti non ci sarebbe da scialare. Visto che la legge che abolisce i rimborsi elettorali sostituendoli con una forma di prelievo marginale sull'Irpef prevede anche qui un tetto massimo di 25,1 milioni.

La verità è che tutti vorrebbero riaprire i rubinetti almeno un po'. Gli unici a uscire allo scoperto sono però quelli del Partito democratico. Propongono di alzare il tetto del 2 per mille da 25,1 a 45,1 milioni e che quella somma venga in ogni caso versata tutta ai partiti.

Sarebbe un sistema fotocopia di quello adottato per l'8 per mille. Anche se gli italiani che firmano il relativo modulo allegato alla denuncia dei redditi sono appena il 40 per cento, alle confessioni religiose accreditate per la riscossione del contributo viene distribuito comunque l'intero gettito. L'8 per mille dell'Irpef del restante 60 per cento dei contribuenti che non hanno fatto alcuna scelta non resta automaticamente nelle casse dello Stato, come logicamente dovrebbe essere, ma viene ripartito secondo le preferenze espresse dal 40 per cento dei contribuenti. E siccome in un Paese cattolico come il nostro i tre quarti di chi decide consapevolmente di dare un contributo a una confessione religiosa lo danno alla Chiesa, ecco che pure i tre quarti del rimanente gettito vanno alla Chiesa. Il risultato è che ogni anno i contribuenti italiani regalano al Vaticano 655 milioni dell'8 per mille «inoptato», cioè delle tasse di coloro che non si sono neppure sognati di destinarlo alla Chiesa. Sapete quanti sono? Diciannove milioni.

Questo sistema raddoppierebbe gli introiti pubblici dei partiti, ma avrebbe le stesse controindicazioni di cui sopra. Oggi più di un terzo del 2 per mille va al solo Partito democratico. Che da questo meccanismo sarebbe decisamente il più favorito. Nel 2023, per fare un esempio, anziché 8,1 milioni ne avrebbe incassati 14 e mezzo. Fratelli d'Italia, che è al secondo posto ma ha un numero di parlamentari ben maggiore, sarebbe invece passato da 4,8 a 9 milioni.

I più penalizzati risulterebbero i partiti che hanno i contribuenti consapevoli più abbienti. In testa a tutti c'è Azione. I 39.349 italiani che hanno destinato nel 2023 il 2 per mille al partito fondato da Carlo Calenda hanno denunciato in media redditi di 46.599 euro, contro 37.021 euro dei finanziatori di Italia Viva, 34.323 di quelli di Forza Italia, 30.684 dei sostenitori dem, 28.593 degli appassionati di Fratelli d'Italia e 25.335 dei leghisti più ferventi. Mentre con la ripartizione dell'inoptato l'incasso del Partito democratico e di Fratelli d'Italia aumenterebbe di più del doppio, quello di Azione del 45 per cento.

Non per tutti sarebbe comunque una toppa determinante. Il 2 per mille ha dimostrato di seguire anche gli umori dell'elettorato. Dal 2016 al 2023 i finanziatori di Fratelli d'Italia sono saliti da 51.068 a 347.978, mentre il numero di quelli della Lega precipitava. Dopo aver raggiunto un picco di 274.512 nel 2019, l'anno delle elezioni europee vinte con il 34 per cento, nel 2023 è crollato a 91.716. Un flop clamoroso.

Il buco di Forza Italia e le ferite del Pd

I partiti non ce la fanno più a tirare avanti. Sono macchine ingrippate, o nella migliore delle ipotesi senza benzina. Prima della legge che abolisce il finanziamento pubblico e che mette quel famigerato tetto di centomila euro, Berlusconi caccia ancora quindici milioni. E poi deve coprire il grosso dei debiti del partito in banca: novanta milioni. Oltre naturalmente a tutti i soldi che ha già investito in politica. Parliamo di milioni a centinaia. Da allora ci pensano i figli e il fratello Paolo, che si tassano con centomila euro l'anno ciascuno. Ma anche così il piatto piange. I dipendenti se ne devono andare, ed è un'onta indelebile per un imprenditore che si vanta di non aver mai licenziato nessuno. Nel dicembre 2015 il licenziamento collettivo si abbatte su cinquantacinque persone, con strascichi vari. Anche di natura giudiziaria.

Il 2 marzo 2020 il giudice del tribunale di Roma condanna Forza Italia a pagare 3,1 milioni, gran parte dei quali in favore di ex dipendenti che avevano fatto causa. Da 151 che erano, ora gli stipendiati del partito sono ridotti a 15. Poi c'è da pagare l'affitto della sede nazionale, 132.000 euro l'anno. E tutto il resto, con i parlamentari chiamati a contribuire, anche se molti fanno i furbi. Il buco sfiora 100 milioni.

Ma questa vicenda dei parlamentari che devono versare al partito ormai riguarda tutti. Il Partito democratico è arrivato al colmo di inseguire i morosi con i decreti ingiuntivi: ne hanno emessi 56. E si leccano le ferite. Grandi e piccole. Buttare dalla finestra 120.000 euro quando si fanno i salti mortali per far quadrare i conti non è piacevole. Ma è accaduto, ed è una storia chiusa. La fondazione EYU, creata appunto con 120.000 euro nel 2014 dal Partito democratico al tempo di Matteo Renzi, è stata messa in liquidazione alla chetichella due anni fa. L'ha fatto l'ex tesoriere e senatore di Italia Viva Francesco Bonifazi. E dei 120.000 euro investiti dal Pd non si è saputo più nulla. Come i progetti mai realizzati.

«EYU» era una sigla che teneva insieme il vecchio giornale della Margherita «Europa», la tv del partito Youdem e l'ex quotidiano del Pci fondato nel 1924 da Antonio Gramsci «l'Unità». Si chiamava così, la fondazione ideata dall'amministrazione renziana del partito, perché il piano era quello di «acquisire, anche attraverso società di capitali partecipate, i marchi Europa, Youdem e l'Unità indispensabili per lo sviluppo delle proprie attività raggruppabili in quattro principali ambiti: editoria, eventi, merchandising e content and community management». Tutto messo per iscritto in un verbale del 19 novembre 2014 con cui veniva nominato presidente di EYU Adrio Maria De Carolis, presidente e azionista della società di sondaggi Swg. Duemila euro al mese per il disturbo.

I 49 milioni nella «bad company» leghista

La Lega sarebbe il partito messo peggio, considerando la rogna dei 49 milioni che secondo gli inquirenti sarebbero evaporati. E ancora li stanno cercando. Ma per fortuna gli è venuta incontro la tecnica economica. Che cosa fa una società che sta per saltare in aria ma vuole salvare i pezzi ancora buoni? Fa una *bad company* dove mette dentro tutto quello che va dimenticato. «Società priva di vitalità economica che viene utilizzata per assorbire attività in sofferenza, lasciando contemporaneamente una *good company* in grado di svolgere un'azione efficiente e profittevole.» Così definisce la «*bad company*» il dizionario Treccani di economia e finanza.

Nel 2017 la tempesta giudiziaria sui 49 milioni di fondi del partito apparentemente volatilizzati sta toccando l'apice. I magistrati arrivano a sequestrare i conti del fondatore Umberto Bossi. Si rischia il botto irreparabile e bisogna inventare qualcosa.

Così alla fine di quell'anno, alla vigilia delle elezioni che lo porteranno al governo con il Movimento 5 Stelle, il segretario federale Matteo Salvini fonda un partito nuovo di zecca: «Lega per Salvini premier», come si è già visto. Il nome è piuttosto impegnativo, ma la mossa serve a uno scopo ben preciso. Sganciarsi dalla rogna dei 49 milioni lasciandola sul groppone della vecchia Lega Nord per l'indipendenza della Padania. Relegata al ruolo di *bad company*, appunto. Nel suo bilancio ci sono infatti debiti per 18 milioni di euro, cifra pari alla differenza fra i famosi 49 milioni e le somme già sequestrate «sui conti correnti, delle società partecipate e delle singole articolazioni territoriali» della vecchia Lega, come precisa la nota integrativa.

Diversamente da quello che si potrebbe immaginare, però, la Lega Nord per l'indipendenza della Padania è tutt'altro che una bara fiscale. Stipendia ancora tre dipendenti e ha in banca 651.000 euro. Ogni mese la nuova Lega le paga l'affitto della sede di via Carlo Bellerio. Che è di proprietà di Pontida Fin, rimasta in carico al partito bossiano insieme all'altra società Fin Group. E poi ci sono un po' di soldi del 2 per mille.

Sebbene la Lega operativa sia quella di Salvini, la vecchia Lega Nord rimane un partito politico a tutti gli effetti. Continua quindi a incassare denari pubblici. Ci sono ancora 38.300 persone che le destinano il contributo, per un introito di 439.151 euro. Sono addirittura circa 3600 più dei 34.689 che nel 2023 hanno deciso di finanziare Forza Italia.

Da quando è partito il 2 per mille, le due Leghe hanno incassato 19,7 milioni: 11,6 la Lega di Salvini e 8,1 quella di Bossi. Negli ultimi tempi, come si è visto, le cose non sono andate benissimo. Se ai 91.716 contribuenti che hanno dato i soldi alla Lega di Salvini si sommano i 38.300 fedeli alla Lega di Bossi, si arriva a un totale di 130.016. Cioè a un livello inferiore del 2015, quando di Lega ce n'era una sola ed era quella «per l'indipendenza della Padania». Significa che rispetto al record assoluto del 2019, quando gli italiani disposti a finanziare sia l'una che l'altra Lega erano 338.201, si sono ripersi per strada oltre duecentomila contribuenti. Il 60 per cento del totale, e in soli quattro anni.

Soldi al partito tolti ai collaboratori

Ormai la fonte principale di finanziamento dei partiti è quella dei contributi dei singoli parlamentari e di qualche eletto nei consigli regionali. Una volta era una regola del Partito comunista. Adesso è un imperativo categorico per tutti. Ma dove si prendono i soldi? Certamente non dallo stipendio. O almeno non tutti. Di solito si utilizza la somma che ogni mese spetta agli onorevoli per il cosiddetto «esercizio del mandato». Sono 3690 euro per i deputati e 4180 per i senatori. Banalmente, è il denaro che ognuno ha a disposizione per pagare i collaboratori parlamentari. E che a questo punto finisce in larga misura al partito in debito d'ossigeno. Anni fa non era necessaria alcuna giustificazione per avere i soldi. Poi è stata introdotta una regola per cui metà va comunque rendicontata. I più creativi hanno escogitato quindi un sistema. Da un paio di legislature nel gruppo della Lega vige l'ordine di scuderia di versare mensilmente al partito una somma dell'ordine di 3000 euro sotto la voce «spese per convegni e sostegno delle attività politiche». Tanto i quattrini per gli assistenti nemmeno servono. La Lega ha deciso sostanzialmente di rinunciarci. Quasi nessuno ce li ha. Ed è un problema.

In Francia ogni singolo deputato ha 9504 euro al mese per pagare fino a cinque collaboratori. In Gran Bretagna si arriva all'equivalente di 14.035 euro mensili. In Germania a 15.798. Al Parlamento europeo il limite mensile è di ben 21.209 euro. Si ritiene che la qualità del lavoro del parlamentare dipenda anche dalla struttura che il singolo eletto ha intorno a sé. Più assistenti competenti può avere, migliore è la sua attività. In molti casi, come al Parlamento europeo, la retribuzione viene erogata dall'amministrazione che provvede anche alle questioni previdenziali.

Tutto questo in Italia assume i contorni della fantascienza. Mentre paga stipendi e pensioni da nababbi, il Parlamento più costoso del continente non è in grado di assicurare un trattamento civile a figure professionali che dovrebbero rappresentare l'ossatura degli uffici dei singoli onorevoli. Per metterli in condizione di svolgere il proprio lavoro nel modo migliore possibile. A lungo molti di loro sono stati pagati in nero e con paghe da fame. Poi un bel giorno, dopo una lunga battaglia, si è riusciti con la presidenza di Roberto Fico alla Camera a delineare uno schema di contratto facoltativo in base al quale la paga del collaboratore non potrebbe essere inferiore a 1600 euro lordi mensili. Peccato che all'inizio del 2023 il limite minimo sia stato ridotto a 1100 euro. Al di sotto della decenza.

Così le difficoltà economiche dei partiti si riflettono pesantemente anche sul rendimento del lavoro parlamentare. Ma in fin dei conti perché affannarsi tanto, se poi il compito fondamentale dei deputati e dei senatori è schiacciare un bottone secondo le indicazioni del capogruppo per votare leggi partorite nelle stanze del governo?

Dal Twiga a Rotelli, gli oboli delle imprese

Negli anni d'oro, poi, c'erano anche le imprese. Il tetto dei centomila euro ha tagliato le gambe a qualcuno. Ma è anche vero che con la piega che ha preso la politica forse le aziende preferiscono dirottare i finanziamenti verso le fondazioni di singoli leader di partito. Più al riparo da occhi indiscreti. Qualche briciola arriva ancora. Il confronto con il passato però non regge.

Nella lista dei contribuenti privati di Giorgia Meloni del 2022 ecco i 40.000 euro della Confagricoltura di Massimiliano Giansanti, che non fa mai mancare il sostegno al partito. Quindi i 50.000 della I.V.P.C. di Oreste Vigorito, patron del Benevento calcio e amico di Clemente Mastella, nonché ritenuto il papà dell'energia eolica italiana. I 30.000 del gruppo Cremonini. I 26.000 del Twiga di Flavio Briatore e Daniela Garnero Santanchè (prima della sua nomina a ministra del Turismo). Più altre briciole ancora più piccole, tipo i 5000 euro di Verde è popolare, associazione ambientalista dell'ex democristiano Gianfranco Rotondi, eletto con FdI. Campione di galleggiamento.

L'elenco dei contribuenti alla Lega nel 2022 esibisce invece la generosità da 100.000 euro del Monte finanziario europeo, società di proprietà di Martina e Pietro Luigi Polidori. Sono i figli ed eredi dell'attività di Francesco Polidori, fondatore del Cepu, dell'università telematica e-Campus e patron della Link Campus University. Altrettanto prodighi Alessandro e Vincenzo Galantuomo, proprietari dell'istituto Irsaf

(50.000 euro) e di Orienta Campus (altri 50.000), struttura che supporta l'attività della e-Campus di Polidori.

E Forza Italia? La Fininvest, finanziaria di famiglia, non fa mai mancare un aiutino da 100.000. Così anche qualche fedele sostenitore che continua a far sentire il proprio affetto, come testimoniano i 35.000 euro della Seda di Arzano, la società di Antonio D'Amato, ex presidente di Confindustria nel momento migliore del berlusconismo, governo del 2001. Durante l'ultimo esecutivo del Cavaliere, nel 2008, ha guidato invece l'organizzazione degli imprenditori Emma Marcegaglia. Che tuttavia ha preferito finanziare Italia Viva (con 30.000 euro). Matteo Renzi ha potuto contare anche sul suo amico Davide Serra, l'animatore di Algebris e munifico sostenitore della fondazione Open. Ha dato al partito dell'ex premier 50.000 euro, come il finanziere Giovanni Tamburi. Altri 100.000 sono arrivati da Manfredi Lefebvre d'Ovidio. E chissà se il figlio di Susanna Agnelli, Lupo Rattazzi, che alla nascita del terzo polo aveva sganciato entusiasta 100.000 euro per Renzi e 100.000 per Calenda, avrà un ripensamento. «Basta, non li sosterrei più» dice al «Foglio» quando i due divorziano. «Renzi e Calenda si sono dimostrati inaffidabili e poco rispettosi di chi li ha supportati. Separarsi è l'unica cosa che non dovevano fare.»

Onore anche a chi non fa distinzioni fra destra e sinistra.

Quando si è saputo che il maggior finanziatore privato alla luce del sole dell'ultima campagna elettorale per le politiche rispondeva al nome di Marco Rotelli, classe 1993, nessuno si è sorpreso più di tanto. Il contributo standard del giovane esponente della famiglia che controlla il più grande gruppo privato convenzionato con la sanità pubblica ammonta a 30.000 euro. Soldi arrivati a Fratelli d'Italia, Partito democratico, Lega, Forza Italia, Impegno civico e Italia Viva. Nella lista dei finanziatori di Azione compare invece, con 50.000 euro nel 2022 e 30.000 l'anno prima, Gianfelice Mario Rocca, patron della multinazionale Techint. Il quale, da qualche anno, ha però deciso di investire anche nella sanità. Suo è il gruppo Humanitas, nel cui consiglio di amministrazione ha chiamato anche una vecchia e mai trascurata conoscenza: l'ex capo dell'Eni e attuale presidente del Milan e dell'Enel, Paolo Scaroni.

Verdini, Angelucci, i giornali e il canone Rai

Per quanto riguarda Antonio Angelucci, l'ex portantino del San Camillo a capo di un altro impero della sanità privata pagata dal pubblico, sono più i soldi che prende di quelli che dà. Ma essendo assai facoltoso non si tira mai indietro quando si tratta di aiutare colleghi in difficoltà. Per averne prova chiedere a Denis Verdini. Il 12 dicembre 2006 il Credito cooperativo fiorentino, la banca che egli stesso presiede mentre è deputato di Forza Italia (grazie alla legge del 1953 che vieta ai parlamentari di guidare le banche, tranne però quelle in forma cooperativa), concede a lui e a sua moglie Maria Simonetta Fossombroni un finanziamento di sette milioni e mezzo. La garanzia è offerta da una società immobiliare di loro proprietà, acquistata appena qualche ora prima. Si chiama Montartino srl. Ma nel 2010 la banca presieduta dal deputato viene commissariata da Giulio Tremonti, ministro e suo collega di partito. Entrambi fanno parte del Popolo delle Libertà, di cui Verdini è in quel momento coordinatore nazionale.

La decisione segue le «gravi irregolarità» riscontrate dalla Banca d'Italia nella gestione dell'istituto, che costeranno poi all'ex parlamentare una condanna a 6 anni e mezzo. È una rogna pazzesca. Verdini si è dovuto per giunta dimettere dalla presidenza della banca, alla quale lui e la moglie devono però restituire ancora più di cinque milioni. E ora quello rischia di essere un altro bel problema. Ma niente paura. A pagare, chiudendo il conto con la banca, ci pensa Angelucci il 14 febbraio 2011. L'ipoteca sulla società di Verdini passa quindi dal Credito cooperativo fiorentino al suo ricco collega di partito.

Verdini fonderà un altro partito del centrodestra. Angelucci mollerà Forza Italia e Berlusconi per essere accolto a braccia aperte dalla Lega salviniana. Ma ancora a quasi tredici anni di distanza le azioni della Montartino srl, in mano alla moglie di Denis Simonetta Fossombroni (95 per cento) e al loro figlio Tommaso (5 per cento), sono in pegno al re delle cliniche. Le loro strade politiche si sono un po' divise, ma per riunirsi poi indirettamente, visto che Angelucci è stato eletto nel 2022 con la Lega di Matteo Salvini, fidanzato della figlia di Denis e sorella di Tommaso Verdini. E i percorsi sono ancora destinati a incrociarsi senza soluzione di continuità.

Il banchiere Verdini fa anche l'editore e con la sua società Toscana edizioni pubblica il «Giornale della Toscana», panino regionale del «Giornale nuovo» della famiglia del Cavaliere. A differenza però del quotidiano targato Berlusconi, lui intasca contributi pubblici dell'editoria. Nei sette anni dal 2003 al 2009, quasi 18 milioni. Anche Angelucci fa l'editore. Allora ha «Libero» e «Il Riformista» e prende come Verdini contributi pubblici. Tutti e due, per questo, finiscono sotto inchiesta. I magistrati sospettano che li abbiano presi senza averne diritto. Ma mentre Verdini si becca 5 anni e 6 mesi per la bancarotta della società editrice che si aggiungono ai 6 e mezzo per il crac della banca, «Libero» continua a surfare sulle onde spinte dai denari dei contribuenti.

Fra il 2003 e il 2023, con un intervallo di otto anni durante i quali non ha percepito denari dallo Stato, il quotidiano alla cui direzione si sono alternati Vittorio Feltri, Alessandro Sallusti, Maurizio Belpietro, Pietro Senaldi e Mario Sechi ha incassato, secondo le cifre presenti nella banca dati del dipartimento per l'Informazione e l'editoria della presidenza del Consiglio, 57.103.260 euro. Niente male, no? Il bello è che i denari con cui si finanzia «Libero» arrivano dal canone Rai. Una legge del secondo governo di Giuseppe Conte, quello con il Partito democratico al posto della Lega, stabilisce che 110 milioni di euro l'anno dell'abbonamento alla tv di Stato vanno a finire in un «Fondo per il pluralismo dell'informazione». Dal quale si attinge per pagare i contributi ad alcune decine di giornali, fra cui appunto «Libero» e altri organi di stampa. Compreso ciò che rimane dei quotidiani politici come «il manifesto» o di partito qual è il «Secolo d'Italia», megafono dei Fratelli d'Italia, destinatario di un milioncino l'anno. Meccanismo davvero curioso. Ai cittadini viene imposto di pagare il canone con la bolletta della luce. Però con la stessa bolletta finanziano pure i giornali politici. A loro insaputa.

La grande passione per la carta stampata ha spinto Angelucci a ingrandirsi. Sempre senza mai tradire l'ispirazione politica originaria. Ha comprato «Il Tempo» e «Il Giornale nuovo». Quindi si è ritrovato in mano anche il gruppo Corriere che edita alcuni quotidiani locali come il «Corriere dell'Umbria». Poi ne ha venduti alcuni a Polimedia, gruppo editoriale della famiglia Polidori, quella del Cepu che ha un posticino nella lista dei finanziatori privati della Lega di Salvini. E ha offerto per un anno anche a Verdini l'opportunità di riaffacciarsi nel mondo dei giornali. Presidente fra il 2018 e il 2019 del gruppo Corriere, del «Tempo» e consigliere di «Libero».

Ripercorrendo questa storia ti assalgono dubbi di ogni genere. Va bene che nessuna legge lo vieta, dunque è tutto lecito. Ma ancora una volta: è opportuno che un deputato imprenditore della sanità privata convenzionata con il pubblico sia contemporaneamente editore di giornali, presumibilmente acquistati con i profitti del servizio (pubblico) erogato dalle sue aziende, che potrebbero influenzare certe scelte politiche in grado di favorirne le attività? E che uno di questi giornali percepisca anche contributi pubblici?

Ma i partiti che lo candidano in Parlamento, non si fanno nessuna domanda? Nessuna?

10

L'urna era vuota, pura, immacolata,
ma nella sala non c'era un solo elettore,
uno soltanto per campione,
cui poterla esibire

José Saramago

L'emorragia dei voti

«Gli italiani potranno nuovamente avere un governo che esce da una loro chiara indicazione alle urne» dice Giorgia Meloni. Il verdetto è incontestabile. Nemmeno Silvio Berlusconi ha mai avuto una maggioranza schiacciante come quella uscita dalle elezioni politiche del 25 settembre 2022. Gli italiani, finalmente, hanno deciso. Mai, però, così pochi. Secondo il ministero dell'Interno l'affluenza alle urne scende al 63,9 per cento, con un calo di oltre nove punti rispetto al 2018.

Tuttavia il dato è inesatto. Infatti non comprende gli italiani all'estero. Grazie a un discutibilissimo regalino dell'ex repubblichino Mirko Tremaglia, da una ventina d'anni può votare per il Parlamento italiano pure chi non ha mai vissuto in Italia né paga le tasse nel nostro Paese: è sufficiente che abbia la nazionalità italiana. Con i voti all'estero l'affluenza alle elezioni del 2022 scende al 60,4 per cento. Ma non è ancora il fondo. Eliminando dal conto le schede bianche e nulle, i voti validi sono stati espressi solo dal 57,48 per cento dell'intero corpo elettorale. Il crollo rispetto al marzo del 2018 rasenta il 10 per cento. In poco più di quattro anni e mezzo si sono persi 4.793.320 voti validi. Gli abitanti di Paesi come l'Irlanda, o metà di quelli della Lombardia. L'emorragia procede a un ritmo di 2877 voti al giorno, 119 l'ora, due al minuto.

Bilancio? Gli italiani che il 25 settembre 2022 hanno deciso di dare il potere alla coalizione di destra guidata dalla leader di Fratelli d'Italia Giorgia Meloni sono appena il 24,7 per cento di tutti gli elettori: alla Camera, 12.587.650 su 50.864.123. Meno di uno su quattro.

Per avere un'idea della situazione, il numero dei votanti alle ultime politiche è pressoché uguale a quello degli italiani che sono andati nel 1958 alle urne: 30,7 milioni contro 30,4. Ma nel 2022 gli elettori sono quasi 51 milioni, e nel 1958 appena 32,4 milioni. Quasi diciotto milioni e mezzo in meno.

È la democrazia, bellezza. I cittadini votano, scegliendo liberamente da chi vogliono essere governati. E «chi si astiene ha sempre torto», come opportunamente ricorda Ferruccio de Bortoli. Molto però, e quindi anche l'astensionismo, dipende da come sono fatte le regole. Normalmente la legge elettorale è nell'interesse generale del sistema democratico, perché la rappresentanza funzioni al meglio, e non si cambia se non per cause eccezionali. In Italia, invece, le leggi elettorali mutano con frequenza inusuale perché non devono obbedire all'interesse collettivo ma a quello di chi in quel momento detiene il potere.

Funziona così fin dal dopoguerra. Nel marzo del 1953 la Democrazia cristiana fa approvare una legge elettorale che garantisce il 65 per cento dei seggi al partito o alla coalizione che supera il 50 per cento dei voti. La «legge truffa», come viene subito battezzata dai comunisti, ha l'obiettivo di mettere all'angolo le sinistre alle successive elezioni di giugno. Il medesimo schema si replica nel 2006, con la legge che il suo stesso ideatore, il leghista Roberto Calderoli, definisce «Porcellum». Dovrebbe servire a bloccare la rimonta del centrosinistra anche a prezzo dell'ingovernabilità, giocando sulla possibilità neppure tanto remota che al Senato e alla Camera si formino maggioranze di segno diverso. E puntualmente il disastro si verifica. Soprattutto, però, consegna tutto il potere di nomina dei candidati ai segretari di partito e ai capicorrente. Impedendo di fatto ai cittadini, con il sistema delle liste bloccate, di scegliere i propri rappresentanti. Da allora nessuno cambia questo principio, perché sotto sotto conviene a tutti i boss di partito: rafforza il loro potere, che diventa inattaccabile.

La legge è una tale porcheria che gli autori tentano di scaricare la colpa sul Quirinale, dove c'è Carlo Azeglio Ciampi. Sostengono che sia venuta fuori in quel modo a causa delle osservazioni dei suoi esperti legislativi. E sulla carta perfino chi l'ha votata si dice contrario.

Il «Porcellum» non è ancora in vigore e già c'è chi

prepara il referendum abrogativo. Da Mario Segni a Romano Prodi, da Antonio Di Pietro a Massimo D'Alema è un coro unanime. Ma ben presto anche la stessa maggioranza di centrodestra che ha voluto quella legge indecente si mobilita per cancellarla. Alleanza nazionale dà il suo «pieno appoggio» al referendum preparato dal costituzionalista Giovanni Guzzetta. E nel comitato dei garanti fa la sua apparizione anche Antonio Martino, ex ministro della Difesa di Forza Italia. Soltanto la Lega e qualche sparuto bastian contrario resistono. La valanga ha dimensioni tali che il «Porcellum» non sembra avere alcuna possibilità di uscire vivo dal referendum.

Finché non cominciano i distinguo. Il leader di An, Gianfranco Fini, continua a resistere. Ma Forza Italia si sgancia. Per evitare il referendum si fa strada l'idea di una nuova legge elettorale, anche se tutti sanno che è impossibile mettere d'accordo destra e sinistra. Il secondo governo di Romano Prodi allora insediato ma traballante fin dall'inizio, fra l'altro, non ha la forza politica per fare una mossa convincente. E dopo una riunione dei gruppi parlamentari di Camera e Senato anche l'Unione, l'accozzaglia di partiti e partitini che lo sostiene, dice no al referendum. Eppure sanno che sarebbe l'unico sistema per eliminare quella schifezza, e sono pure coscienti che quella schifezza intossicherà la vita politica italiana per decenni.

Quasi tutti, piano piano, fanno marcia indietro trincerandosi dietro una foglia di fico: l'idea di fare una nuova legge elettorale. Sono consapevoli che quella legge non si farà mai perché nessuno la vuole fare. Troppo comodo, per loro, il «Porcellum». La vergognosa farsa si conclude il 22 giugno del 2009, quando vengono comunicati i risultati del referendum. Hanno detto sì ai vari quesiti fra il 77 e l'87 per cento dei votanti. Il problema è l'affluenza: circa il 24 per cento. Meno della metà del quorum richiesto. I partiti che all'inizio l'hanno voluto e poi rinnegato sono riusciti nell'impresa: il referendum è fallito.

Il «Porcellum» è vivo e vegeto. E siccome l'orrore del sistema elettorale non è ritenuto ancora perfetto, ci pensa la sinistra a perfezionarlo con il cosiddetto «Rosatellum». Che aggiunge all'indecenza delle liste bloccate l'impossibilità del voto disgiunto per la quota dei collegi uninominali. Una follia.

Il discredito verso la politica, sempre più distante dalla vita reale, non si arresta e l'astensionismo va in orbita. Innestato su un sistema elettorale così inefficiente, il taglio del numero dei parlamentari voluto dal Movimento 5 Stelle unicamente allo scopo di saziare la demagogia fa il resto. Con meno poltrone a disposizione diventa il Parlamento dei cerchi magici e delle parentele, nel quale ogni capobastone ha pensato di garantire un posto innanzitutto a fedeli, amici e sodali. La qualità della classe dirigente, già non eccelsa, deperisce ulteriormente. Mentre l'età media dei parlamentari risale. E il peso delle donne riscende.

Grazie a regole elettorali che non consentono ai cittadini libertà di scelta neppure sui candidati all'uninominale, è possibile per una coalizione destinataria del 43,13 per cento dei voti validi (italiani all'estero compresi) conquistare il 60 per cento dei seggi alla Camera. Roba da far impallidire la famosa legge truffa.

Quanto al fatto che il governo sia il frutto di un consenso espresso da neppure il 25 per cento degli aventi diritto al voto, è soltanto lo sbocco operativo di quelle regole. Va detto che non c'è un solo sistema democratico nel quale il governo in carica abbia alle spalle una maggioranza votata da oltre metà dell'intero corpo elettorale. Negli Stati Uniti il presidente Joe Biden ne rappresenta il 34,17 per cento. Il governo conservatore britannico non arriva al 30 per cento. Così anche in Italia. I cinque partiti dell'ultimo governo della Prima Repubblica (Giulio Andreotti) raccolgono il 46,5 per cento dei consensi di tutti i cittadini più che diciottenni. Il secondo governo di Silvio Berlusconi, finora quello con i maggiori consensi della Seconda Repubblica, è al 38,4 per cento. L'ultimo esecutivo del Cavaliere, nel 2008, si ferma al 35. Il primo governo di Giuseppe Conte, quello con la Lega salviniana, arriva al 33. E il successivo, con il Pd anziché i leghisti, al 34,2. Ora siamo al 24,7. Ed è un problema. Un grosso problema. Perché la democrazia parlamentare si sta sgretolando a una velocità imprevedibile.

Frana il Mezzogiorno

L'astensionismo cresce a un ritmo esponenziale in un Paese tradizionalmente appassionato di politica, dove dalla nascita della Repubblica la partecipazione al voto è sempre stata altissima. Fino al 1979 l'affluenza supera sempre il 90 per cento e ancora nel 2008 gli elettori che si presentano alle urne sono oltre l'80 per cento. Perciò un crollo di una ventina di punti in soli quattordici anni non può essere considerato fisiologico. Soprattutto perché metà di questa frana avviene alle ultime elezioni. E avviene soltanto in Italia, per quanto anche altrove la politica abbia vissuto momenti assai migliori.

Alle ultime elezioni federali in Germania, nel 2021, l'affluenza è al 75,8 per cento, contro il 76,2 di quattro anni prima. Dal 2002 oscilla costantemente sopra il 70 per cento. Così anche in Francia, dal 79,7 delle presidenziali del 2002 al 72 di quelle più recenti, nel 2022. In Spagna alle politiche del 2023 vota il 65,88 per cento degli elettori: appena tre punti in meno rispetto alle elezioni del 2000, quando l'affluenza è del 68,7 per cento. La Gran Bretagna fa registrare una partecipazione al voto del 67,3 per cento alle elezioni generali del 2019. Otto punti in più rispetto al 2001, quando il numero dei votanti rimane fermo al 59,4 per cento. Perfino negli Stati Uniti, dove la partecipazione al voto ha toccato una volta il 49 per cento, minimo del dopoguerra alle presidenziali vinte nel 1996 per la seconda volta da Bill Clinton, nel 2020 l'affluenza sale al 66,6 per cento dal 55,7 di quattro anni prima.

In Italia la frana non risparmia nessuna tornata elettorale. Le europee del 2019 si ricordano per il boom della Lega di Matteo Salvini ma anche per il minimo assoluto di presenze alle urne: il 54,5 per cento degli aventi diritto. Ben diciassette punti e rotti meno del 2004, in una discesa costante e inarrestabile.

Se in tutta Italia la disaffezione verso la politica sta correndo, al Sud galoppa. I dati delle ultime elezioni politiche dicono tutto. I voti validi nelle Regioni meridionali sono risultati meno di 8 milioni e mezzo su 16,2 milioni di elettori. Ossia il 52,3 per cento. Nel Mezzogiorno, che rappresenta il 35 per cento del corpo elettorale, sono spariti 2.186.013 voti validi, pari al 48 per cento di tutti quelli persi nell'intero Paese fra il 2018 e il 2022.

In Calabria ha votato il 50,8 per cento, tredici punti in meno del 2018. Nella Provincia di Napoli l'affluenza è stata del 50,78 contro il 65,34 del 2018. In Sardegna, Nuoro e Oristano sono al 50 per cento, con cali di quattordici punti sul 2018.

In Campania nessuna provincia ha raggiunto il 60 per cento, ma anche in Puglia e Molise, dove l'affluenza è precipitata di ben quindici punti. Le province calabresi di Crotone e Reggio sono sotto il 50 per cento: rispettivamente al 45,9 e 48,9. In vent'anni a Reggio Calabria la partecipazione al voto per le elezioni politiche è scesa di ventisette punti. A Crotone, addirittura di trentaquattro. Ci sono comuni calabresi dove le urne sono andate quasi deserte. A Platì ha votato il 32 per cento, ad Africo il 31,1, a San Luca il 21,9.

Pure fra quanti continuano a votare c'è chi lo fa

controvoglia, se dobbiamo dare retta all'aumento delle schede bianche e nulle. Dal 3,19 per cento del 2018 salgono nel 2022 al 4,47 per cento: 230.000 in più. E fra gli italiani all'estero raggiungono addirittura il 13,19 per cento di tutti i voti espressi, contro l'11,01 del 2018.

Cambiare nome per non cambiare nulla

Gli italiani non vanno più a votare perché lo ritengono inutile. Dall'inizio del nuovo secolo hanno dato fiducia al centrodestra, poi al centrosinistra, quindi a tutti e due. Infine al Movimento 5 Stelle, che si è alleato con la destra e con la sinistra. Ma i problemi fondamentali degli italiani, superfluo qui elencarli, restano lì.

A ogni giro di giostra chi manovra l'ingranaggio promette il cambiamento. Qualcuno magari ci prova pure. Poi però manca il tempo. E se non manca il tempo mancano il coraggio e la capacità di guardare oltre le prossime elezioni amministrative. Fatalmente prevale l'interesse a lasciare tutto nella sostanza com'è. Gli elettori italiani, sempre più delusi e disorientati, restano vittime del solito equivoco, quello del nuovo che nuovo non è.

A cambiare sono soltanto le parole. Cambiano i nomi dei partiti, come pure i nomi dei ministeri. Cambiano così frequentemente che è difficile stargli dietro, per la gioia delle ditte incaricate di rifare in continuazione targhe, targhette, carte intestate e biglietti da visita. Prendete il ministero dell'Agricoltura e Foreste. Si chiama così fino al referendum abrogativo del 1993. Per farlo sopravvivere nel 1994 il governo di Silvio Berlusconi gli dà un altro nome: Risorse agricole, alimentari e forestali. Troppo lungo, pensa il successore Romano Prodi. E lo mutila: Risorse agricole. Stop. Al professore staranno antipatiche le foreste, pensa magari Massimo D'Alema, che cambia ancora: Politiche agricole e forestali. Torna Prodi e forse gli sembra limitativo. Meglio quindi Politiche agricole, alimentari e forestali. Regge un bel po', finché nel governo di Giuseppe Conte la Lega pretende di associare al lavoro dei campi il turismo. E allora Politiche agricole, alimentari, forestali e Turismo. Cade il Conte I, il Pd soppianta la Lega e il Turismo se ne va ai Beni culturali. Sparendo anche dal titolo del ministero. Infine con Francesco Lollobrigida, che vuole mandare i cibi nostrani perfino in orbita nello spazio, il ministero diventa dell'Agricoltura, Sovranità alimentare e Foreste.

Un pallino antico, quello di modificare i nomi dei ministeri, nel Paese del Gattopardo. Niente a che vedere con esigenze funzionali, quasi sempre. Solo fumo negli occhi, per dare l'idea del cambiamento anche se niente cambierà davvero. Non è una coincidenza che le novità più radicali nella toponomastica ministeriale coincidano con il fascismo, che a slogan e motti attribuisce un'importanza propagandistica decisiva. Il ministero della Pubblica istruzione diventa così nel 1929 il ministero dell'Educazione nazionale. Quello dell'Industria muta in ministero dell'Economia nazionale e poi in ministero delle Corporazioni. Il ministero delle Colonie assume il nome di Africa italiana. E non può mancare al regime un ministero della Stampa e propaganda, presto trasformato in ministero della Cultura popolare, o Minculpop.

Nel solco di quella tradizione i nomi dei ministeri meloniani non si limitano a indicare la materia riguardante il dicastero. Devono contenere anche un chiaro messaggio politico. Come la Sovranità alimentare nel titolo del ministero dell'Agricoltura. Il ministero dell'Istruzione, o della Pubblica istruzione che dir si voglia, ha resistito decenni senza particolari scossoni se non il periodico accoppiamento con l'Università e la ricerca e il prevedibile divorzio. Ora è diventato ministero dell'Istruzione e del Merito. Invece la Transizione ecologica che nel governo Draghi sostituisce l'Ambiente viene spazzata via e il ministero ritorna dell'Ambiente. Ma anche della Sicurezza energetica. Allo stesso modo il vecchio ministero dell'Industria, riportato alle origini dopo la caduta del fascismo e che ha subito negli ultimi decenni innocui cambiamenti lessicali, dall'Industria alle Attività produttive per planare sullo Sviluppo economico, si ritrova a essere il ministero delle Imprese e del Made in Italy. Mentre il ministero della Famiglia, che spunta ogni tanto e possiamo trovare da solo o appaiato alle Pari opportunità, si allarga esplicitamente alla Natalità. Come se bastasse a far risalire la curva demografica.

Cosa nuova che nuova non è

«Non siamo una ripetizione di cose già viste, non siamo nessuna delle vostre vecchie etichette. Uscite dai vostri schemi comodi: siamo una cosa nuova» annuncia Giorgia Meloni il 1° maggio 2022 alla conferenza programmatica del partito, che già veleggia oltre il 25 per cento nei sondaggi.

Una cosa nuova non è il suo governo, tranne il dettaglio di essere guidato per la prima volta nella storia d'Italia da una donna. Ma nemmeno quella donna è «nuova». È stata già ministra della Gioventù nell'ultimo (e peggiore) governo di Silvio Berlusconi. Durante anni nei quali, a parziale scusante, c'è la crisi finanziaria mondiale. E il tasso di disoccupazione giovanile (15-24 anni) fra il 2007 e il 2011 cresce impetuosamente. Va dal 20,4 al 29,2 per cento, e per le donne dal 23,3 al 32,2 per cento.

Quel governo Berlusconi, inoltre, è sostenuto dalla stessa maggioranza dell'attuale governo Meloni. È solo cambiato l'azionista di riferimento. Allora Forza Italia, oggi Fratelli d'Italia che ha preso il posto di Alleanza nazionale. Inoltre ben 11 dei 64 esponenti del governo attuale, premier compresa, hanno fatto parte dell'ultimo governo del Cavaliere.

Non è nuovo Raffaele Fitto, che nel Berlusconi quater occupa pressoché la stessa casella di adesso, quella competente per la gestione della coesione territoriale e dei denari europei del famoso Pnrr, il Piano nazionale di ripresa e resilienza. E non si può non ricordare che durante la presidenza Fitto, fra il 2000 e il 2005, la Regione Puglia non ha certo brillato nell'impiego dei fondi di Bruxelles.

Non è nuovo il ministro leghista alle Autonomie Roberto Calderoli, cui Berlusconi affida nel 2008 la Semplificazione normativa: e lui si fa riprendere in una caserma dei vigili del fuoco a incendiare con il lanciafiamme una montagna di «375.000 leggi inutili».

Non è nuova la ministra dell'Università Annamaria Bernini, figlia dell'ex ministro berlusconiano Giorgio Bernini e responsabile delle Politiche europee nell'ultimo esecutivo del Cavaliere.

Non è nuovo il ministro delle Imprese e del Made in Italy, come chiamano adesso lo Sviluppo economico, Adolfo Urso: fra il 2008 e il 2011 è sottosegretario a quello stesso ministero. Adesso è salito di livello, forse per anzianità.

Non è nuovo il sottosegretario alla presidenza Alfredo Mantovano. Anche nel Berlusconi quater è sottosegretario, ma solo al ministero dell'Interno. Ora, pure lui con qualche annetto in più, è nella stanza dei bottoni anziché nell'anticamera.

Non è nuova la ministra delle Riforme Maria Elisabetta Alberti Casellati, ex sottosegretaria in ben due governi Berlusconi: alla Salute nel terzo e alla Giustizia nel quarto. Il salto di qualità, per una ex presidente del Senato, è doveroso. Anche se sulla qualità ci sarebbe qualcosa da dire, visti gli esiti delle precedenti esperienze.

Non è nuovo il ministro del Mare Sebastiano Musumeci detto Nello, già sottosegretario al Lavoro.

Non è nuova la ministra della Famiglia Eugenia Maria Roccella, ex sottosegretaria alla Salute.

Non è nuova la ministra del Turismo Daniela Garnero Santanchè, ex sottosegretaria alla presidenza per l'attuazione del programma di un governo travolto dallo spread e dall'immagine ammaccata del suo leader.

Non è nuovo neppure il ministro della Difesa Guido Crosetto: con il quarto governo Berlusconi è sempre alla Difesa, ma da semplice sottosegretario del ministro Ignazio La Russa.

Ma non sono nuovi neppure altri 14 membri del governo Meloni, che hanno ricoperto incarichi in esecutivi precedenti.

Non è nuovo il sottosegretario alla Cultura Vittorio Sgarbi, che occupa il medesimo posto nel secondo governo Berlusconi. Sicuri che non fosse anche quello un equivoco?

Non è nuovo il ministro delle Infrastrutture Matteo Salvini, ex ministro dell'Interno nel primo governo di Giuseppe Conte. Dove non ha lasciato segni indimenticabili, con l'eccezione di una guerra senza senso alle Ong.

E non è nuovo nemmeno il ministro dell'Interno Matteo Piantedosi, ex capo di gabinetto e factotum di Salvini al Viminale. Come sopra. Con l'aggravante che ora il ministro è lui, il gregario.

Non è nuova la ministra della Disabilità Alessandra Locatelli, già ministra della Famiglia nel Conte I.

Non è nuova la sottosegretaria dei Rapporti con il Parlamento Giuseppina Castiello, ex sottosegretaria al Sud in quel governo.

Non è nuovo il sottosegretario alle Imprese Massimo Bitonci: nel Conte I è sottosegretario all'Economia.

Non è nuovo il viceministro delle Infrastrutture Edoardo Rixi, che ha lo stesso posto ricoperto nel 2018.

Non è nuova la sottosegretaria alla Cultura Lucia Borgonzoni, rimasta su quella poltroncina già da lei occupata nel governo di Mario Draghi, e ancor prima nel Conte I. Che, una volta nominata, ha confessato: «Leggo poco, studio sempre cose per lavoro. L'ultima cosa che ho riletto per svago è *Il castello* di Kafka, tre anni fa. Ora che mi dedicherò alla cultura magari andrò più al cinema e a teatro». L'avrà fatto?

Non è nuovo il sottosegretario al Lavoro Claudio Durigon, che ha avuto un'esperienza simile a questa. Sottosegretario al Lavoro nel primo governo Conte con i grillini, viene ripescato con Mario Draghi come sottosegretario all'Economia. Ma si deve dimettere dopo aver incautamente proposto di ripristinare il vecchio nome del parco pubblico di Latina chiamandolo «Parco Arnaldo Mussolini». Gli subentra Federico Freni. Che quindi non è nuovo, visto che sta ancora lì.

Non è nuovo il viceministro della Giustizia Francesco Paolo Sisto. Nemmeno lui si è mosso dal ministero dov'è entrato nel 2021 come sottosegretario.

Non è nuova la viceministra all'Ambiente Vannia Gava. Neppure lei ha cambiato ministero. Soltanto la targhetta sulla porta: con Draghi è il ministero della Transizione ecologica.

Non è nuovo il sottosegretario alla presidenza con delega al Cipe Alessandro Morelli, viceministro delle

Infrastrutture nel governo Draghi. Famosa, nel giro, la sua sensibilità per gli autotrasportatori. In un grottesco slancio orwelliano s'incarica di proporre il Daspo per il Festival di Sanremo ai cantanti che osano «fare politica», come fossero tifosi violenti da non far entrare allo stadio.

Ma il prototipo del nuovo non nuovo è Giancarlo Giorgetti. Vicesegretario della Lega per Salvini premier, classe 1966, è in Parlamento ininterrottamente da ventotto anni. E, oltre ad aver attraversato ogni stagione politica, è stato anche al governo quattro volte. Con tutti. Corre l'anno 2001 e per nove giorni è sottosegretario alle Infrastrutture nel secondo governo di Silvio Berlusconi. Passano diciassette anni ed è sottosegretario alla presidenza del Consiglio con i grillini: Salvini l'ha messo lì per marcare stretto Giuseppe Conte. Arriva Mario Draghi ed eccolo ministro dello Sviluppo economico in un governo con il Partito democratico. Arriva Giorgia Meloni e rieccolo ministro dell'Economia. Imbattibile nel galleggiamento.

Quale premierato, senza prima la credibilità?

È il 6 dicembre 2023, dai microfoni di Rtl 102,5 Giorgia Meloni attacca la sinistra: «Chi contesta la riforma è abituato a fare il bello e cattivo tempo facendo e disfacendo il governo nei palazzi, sulla pelle degli italiani, per realizzare programmi che nessuno aveva votato, per mettere gente che nessuno aveva votato.

Questo gioco è finito e adesso chi governa la nazione lo decidono gli italiani alle urne e ragionevolmente ha cinque anni per realizzare il suo programma».

Intanto la ministra delle Riforme Maria Elisabetta Alberti Casellati non si capacita dell'ostilità che le opposizioni riservano alla proposta di elezione diretta del presidente del Consiglio. Chi può dirsi contrario a una riforma che ha l'obiettivo dichiarato «di riavvicinare i cittadini alle istituzioni, combattere l'astensionismo e dare finalmente stabilità al governo»?

È la ricetta miracolosa per contrastare ciò che il costituzionalista Michele Ainis chiama «un veleno che sta intossicando la democrazia italiana». Nel suo saggio *Capocrazia. Se il presidenzialismo ci manderà all'inferno*, scrive che la riforma voluta da Giorgia Meloni dovrebbe sconfiggere l'astensionismo «offrendoci l'opportunità di eleggere direttamente chi eserciterà i poteri di governo. Anche se, diciamolo, non è che nelle regioni e nei comuni, dove l'elezione diretta di governatori e sindaci sussiste da trent'anni, ci sia la coda per votare».

Osservazione più che pertinente. Alle regionali del 2023 nel Lazio l'affluenza precipita dal 66,46 al 37,2 per cento: in una regione con 5,6 milioni di abitanti scompaiono 1,1 milioni di elettori in cinque anni. In Lombardia, dove la partecipazione si inabissa dal 73,1 al 41,68 per cento, i voti persi sono addirittura 2,2 milioni. Nemmeno questo è un fenomeno nuovissimo. Segnali ne sono già arrivati da un pezzo. Il più chiaro dall'Emilia-Romagna, dove alle regionali del 2014 vinte da Stefano Bonaccini i votanti praticamente si dimezzano, dal 68 al 37 per cento. Ma anche nelle Regioni meridionali, come in Calabria e Basilicata, si è scesi decisamente sotto la soglia del 50 per cento.

E i Comuni? Il sindaco di Roma Roberto Gualtieri viene eletto nell'autunno 2021 al ballottaggio. L'affluenza è al 40,68 per cento, ma i consensi grazie ai quali va al Campidoglio non raggiungono il 24 per cento del numero degli aventi diritto al voto. Nella capitale d'Italia il calo dei votanti alle comunali è una piaga ventennale. Nel 2006 Walter Vetroni si conferma sindaco con 926.932 voti. Due anni dopo Gianni Alemanno ne incassa 783.725 e gli bastano per vincere. Poi è la volta di Ignazio Marino, che la spunta grazie ad appena 664.490 voti. Con Virginia Raggi si assiste a una lieve ripresa: 770.564 preferenze. Ma è un fuoco di paglia. Gualtieri si ferma a 565.352. In quindici anni si sono volatilizzati più di 360.000 voti. Oltre 200.000 solo negli ultimi cinque.

Nella stessa tornata elettorale che ha messo il Campidoglio nelle mani di Gualtieri anche Beppe Sala è sindaco di Milano. I cittadini che l'hanno scelto sono meno del 27 per cento di quanti potrebbero votare. Dieci anni prima, Pisapia viene eletto dal 36,7 per cento degli aventi diritto. È la democrazia della minoranza che ormai si è fatta regola.

Dimostrazione che l'elezione diretta dell'amministratore delegato del Paese, già applicata a livello locale dove la politica dovrebbe essere più vicina ai cittadini, non dà alcuna garanzia di riuscire a riportare gli italiani a votare. Non è questa la medicina.

La diagnosi è nei risultati dell'ultima indagine dell'Istat sulla fiducia degli italiani nelle istituzioni. In testa ci sono sempre i vigili del fuoco seguiti dalle forze dell'ordine e dal presidente della Repubblica, quello che abbiamo adesso nell'attuale configurazione della Costituzione che alcuni partiti vorrebbero cambiare. E in fondo alla classifica ci sono proprio loro. Neppure un italiano (di almeno 14 anni d'età) su quattro si dichiara fiducioso verso i partiti politici. La stima nei confronti degli attori del nostro sistema politico è ai minimi termini. Dietro la magistratura, dietro il Parlamento europeo, dietro i Comuni, dietro le Regioni, dietro il governo nazionale, dietro perfino il Parlamento che è fatto dagli stessi partiti.

Il problema sono loro. Ma fanno finta di non saperlo e questo non aiuta certo a risolverlo. Assuefatti alla droga dei talk show, sono convinti che la politica si riduca alla capacità di prevalere in un botta e risposta televisivo sull'avversario di turno. Spesso con affermazioni prive di fondamento o impossibili da verificare seduta stante. Abbiamo assistito negli anni a carriere politiche spettacolari nate nei salotti televisivi. Promossi sul campo per battuta pronta e capacità polemica, a prescindere da qualità del ragionamento, competenza nella materia, livello di preparazione, cultura politica. Tutta roba del vecchio armamentario, quello che una volta si imparava avendo anche letto dei libri. Ma ormai inservibile, perché fa solo perdere il ritmo e con livelli di attenzione ormai non superiori ai trenta secondi induce a cambiare canale. La politica è ridotta a questo: pura immagine, propaganda *à la carte*, fumo negli occhi, zero coerenza.

I partiti sono visti sempre più come veicoli per l'affermazione personale e l'occupazione dei posti pubblici dove prevalgono consorteria e familismo. Con poco o nessun rispetto per le regole basilari della politica. Fra cui quelle della «disciplina e onore» per chi ha incarichi pubblici, previste dall'articolo 54 della Costituzione. I migliori, perciò, li disertano. Anche se così il livello si abbassa sempre di più: fanno politica solo quelli rimandati a settembre o che hanno preso la laurea con i punti del supermercato. Oppure, chi cerca una scorciatoia per «svoltare».

Il fatto grave è che nulla in questi anni si è fatto per invertire la rotta e riportare i partiti alla loro funzione naturale. E per come stanno le cose i risultati dell'indagine dell'Istat sono allarmanti, ma non sorprendenti. Come si fa ad avere fiducia in partiti che cambiano idee, posizione e alleanze a seconda delle convenienze del momento o dei sondaggi, con sigle che nascono e muoiono nello spazio di una mattinata, e una incessante migrazione di politici da uno schieramento a quello opposto spinta solo dalle aspettative personali?

Alla fine della legislatura spirata con le elezioni del 25 settembre 2022 il secondo gruppo parlamentare alla Camera più numeroso dopo la Lega è quello misto. Cioè il gruppo composto in maggioranza da chi ha cambiato casacca: 107 componenti. Nicoletta Cottone del «Sole 24 ore» calcola a febbraio 2022 che in quattro anni i traslochi di partito alla Camera sono stati già 304 e hanno avuto come protagonisti 214 onorevoli. Molti dei quali, perciò, hanno cambiato partito più di una volta. E non è ancora avvenuta la scissione nel Movimento 5 Stelle, formazione politica maggiormente afflitta da questo fenomeno. Proprio il partito che vorrebbe vietare agli eletti di cambiare partito in corso d'opera. Quando la legislatura si chiude il gruppo del Movimento 5 Stelle a Montecitorio conta 96 onorevoli: meno della metà dei 221 iniziali.

La diaspora grillina ha attraversato l'intero orizzonte parlamentare. Qualcuno ha trovato rifugio giusto in tempo dai Fratelli d'Italia, che in previsione della sicura vittoria elettorale sono diventati la meta più ambita dei superstiti di navi in difficoltà se non in procinto d'affondare. E c'è chi è riuscito a salvarsi. Dei 181 parlamentari meloniani eletti il 25 settembre 2022 almeno 20 sono i convertiti. Fra questi, anche stelle di prima grandezza del centrodestra. Come l'ex superministro dell'Economia che ha segnato l'intero tragitto berlusconiano, Giulio Tremonti. O Lucio Malan, cinque legislature in Forza Italia alle spalle. Oppure l'ex conduttrice televisiva Elisabetta Gardini, tre legislature alla Camera e tre all'europarlamento con Forza Italia, partito di cui è stata anche portavoce. Per non dire dell'ex presidente del Senato, il mite e quasi dimenticato Marcello Pera.

Insomma, la solita storia del famoso carro del vincitore. Quali che siano le motivazioni di ognuno, anche la corsa a salirci sopra aiuta a capire lo stato di salute della nostra politica. Una malata grave, di una malattia che porta all'estinzione. Sono necessarie cure profonde, e difficili da affrontare.

Per esempio, dare finalmente attuazione all'articolo 49 della Costituzione, secondo cui, è bene ricordarlo, «tutti i cittadini hanno diritto di associarsi liberamente in partiti per concorrere con metodo democratico a determinare la politica nazionale», mentre oggi molti partiti assomigliano a sultanati. Con una normativa capace di incentivare la concorrenza interna, promuovere la formazione della classe dirigente, favorire la parità di genere e la qualità del personale politico.

Servono anche regole chiare e non ipocrite sul finanziamento della politica. E limiti seri e soprattutto sanzionabili sul conflitto d'interessi degli eletti e dei governanti, con la decadenza automatica dall'incarico per chi non li rispetta o mente al Parlamento. Per far uscire dall'ombra il rapporto fra la politica e gli affari, poi, la regolamentazione delle lobby, che nessun partito ha mai voluto davvero fare, non è più rinviabile. Ma più urgente di tutto il resto è una legge elettorale che consenta di nuovo ai cittadini di scegliere liberamente i propri rappresentanti e sia in grado di assicurare la stabilità senza drogare il potere.

A quel punto, e soltanto a quel punto, si potrà ragionare sul presidenzialismo alla francese o all'americana, sul premierato all'italiana o all'inglese. Oppure lasciare tutto com'è. Ma senza prima restituire credibilità alla politica ogni altra riforma è destinata a naufragare nel vuoto delle urne.

E allora andrà molto peggio.

Indice dei nomi

Indice

Finito di stampare nel mese di giugno 2024
per conto di RCS MediaGroup S.p.A.,
da Rotolito S.p.A., Via Sondrio, 3, Pioltello (Milano)
Printed in Italy